RAÍZES DA constelação

FUNDAMENTOS E PRÁTICAS

VOLUME 1

CAMINHO PARA A FORMAÇÃO EM
TERAPEUTA CONSTELADOR

Editora LEADER

AUTORA
JOSI MEDA

COORDENAÇÃO EDITORIAL
ANDRÉIA ROMA

RAÍZES DA constelação

FUNDAMENTOS E PRÁTICAS

VOLUME 1

CAMINHO PARA A FORMAÇÃO EM
TERAPEUTA CONSTELADOR

EDITORA **LEADER**

Copyright © 2024 by Editora Leader
Todos od direitos da primeira edição são reservadas à Editora Leader

CEO e editora-chefe: Andréia Roma
Revisão: Editora Leader
Capa: Editora Leader
Projeto gráfico e editoração: Editora Leader
Suporte editorial: Lais Assis
Livrarias e distribuidores: Liliana Araújo
Artes e mídias: Equipe Leader
Diretor financeiro: Alessandro Roma

Dados Internacionais de Catalogação na Publicação (CIP)

M436r Meda, Josi
1. ed. Raízes da constelação : fundamentos e práticas : caminho para a formação em terapeuta constelador / Josi Meda. – 1.ed. – São Paulo : Editora Leader, 2024. – (Série constelação familiar / coordenadora Andréia Roma)

ISBN: 978-85-5474-204-1

1. Constelação sistêmica familiar. 1. Constelação terapêutica. 3. Terapia familiar. I. Roma, Andréia. II. Título. III. Série.

04-2024/18/CDD 616.89156

Índices para catálogo sistemático:
1. Constelação sistêmica : Terapia familiar 616.89156

Bibliotecária responsável: Aline Graziele Benitez CRB-1/3129

2024

Editora Leader Ltda.
Rua João Aires, 149
Jardim Bandeirantes – São Paulo – SP

Contatos:
Tel.: (11) 95967-9456
contato@editoraleader.com.br | www.editoraleader.com.br

NOTA DA EDITORA

É com imensa satisfação que apresentamos o aguardado livro **"Raízes da Constelação: Fundamentos e Práticas - Volume 1"**, da talentosa autora Josi Meda. Esta obra é uma jornada reveladora no vasto universo da terapia constelacional, oferecendo não apenas uma compreensão aprofundada dos fundamentos, mas também práticas essenciais para aqueles que aspiram a se tornar terapeutas consteladores.

Josi Meda, com sua maestria e conhecimento sólido, guia os leitores por um caminho enriquecedor de descobertas, proporcionando uma base sólida para a formação em terapeuta constelador. Sua abordagem única e envolvente destaca-se, tornando este volume uma referência valiosa para estudantes, profissionais e entusiastas da constelação familiar.

Ao explorar temas fundamentais e apresentar práticas cuidadosamente elaboradas, Josi Meda contribui significativamente para o avanço do campo da constelação sistêmica. Este livro não apenas transmite conhecimento, mas também inspira, encorajando os leitores a mergulharem mais fundo em sua própria jornada de autodescoberta e cura.

"Raízes da Constelação" é mais do que um guia; é um convite para compreender as dinâmicas ocultas que influenciam nossas vidas, proporcionando um valioso roteiro para aqueles que desejam se tornar terapeutas consteladores competentes e compassivos.

Estamos confiantes de que este primeiro volume é apenas o início de uma série que continuará a iluminar e transformar a prática da terapia constelacional. Agradecemos a Josi Meda por compartilhar sua sabedoria e visão única neste trabalho notável.

Com gratidão,
Andréia Roma
CEO e idealizadora do selo editorial Constelação Familiar.

ÍNDICE

APRESENTAÇÃO	11
PREFÁCIO..	13
FUNDAMENTOS DA CONSTELAÇÃO FAMILIAR..........................	15
ORIGENS E EVOLUÇÃO DA CONSTELAÇÃO FAMILIAR	17
TRANSGERACIONALIDADE E HERANÇA FAMILIAR	23
ORDENS DO AMOR DE BERT HELLINGER................................	27
PRINCÍPIOS FENOMENOLÓGICOS E FILOSOFIA SISTÊMICA	31
1.1. Origens e evolução da constelação familiar................	34
1.2. Campo sistêmico e sua relevância na terapia contemporânea .	34
1.3. Transgeracionalidade e herança familiar....................	35
LEIS DO AMOR DE BERT HELLINGER	37
2.1. Pertencimento	37
Exercício Prático para Explorar o Pertencimento na Constelação Familiar...	37
2.2. Hierarquia...	38
Exercício Prático para Explorar a Hierarquia na Constelação Familiar:..	39
2.3. Equilíbrio...	40
Exercício Prático para Explorar o Equilíbrio na Constelação Familiar	40
LEIS DA AJUDA DE BERT HELLINGER.....................................	43
3.1. Exploração das leis da ajuda e sua aplicação na constelação Familiar	43
Exercício Prático para Explorar a Primeira Ordem da Ajuda	43
Exercício Prático para Explorar a Segunda Ordem da Ajuda	45
Exercício Prático para Explorar a Terceira Ordem da Ajuda	46
Exercício Prático para Explorar a Quarta Ordem da Ajuda	47
Exercício Prático para Explorar a Quinta Ordem da Ajuda	49
3.2. Introdução às ordens da ajuda..................................	50
1. Dar apenas o que tem e tomar apenas o que precisa	50
2. Ela está a serviço da sobrevivência e do crescimento	51

RAÍZES DA CONSTELAÇÃO

    3. O ajudante precisa se colocar como adulto 51
    4. A pessoa não é um ser isolado 51
    5. Ela vem unir o que está separado 51

        3.3. Primeira ordem da ajuda: dar apenas o que tem e tomar Apenas o que precisa 52

        3.4. Segunda ordem da ajuda: ela está a serviço da sobrevivência E do crescimento. 53

        3.5. Terceira ordem da ajuda: o ajudante precisa se colocar como Adulto

        3.6. Quarta ordem da ajuda - a pessoa não é um ser isolado 55
        3.7. Quinta ordem da ajuda - ela vem unir o que está separado . . . 56

LEIS DO SUCESSO DE BERT HELLINGER. 59

    4.1. Análise das leis do sucesso e sua influência nas dinâmicas Familiares 59

    4.2. As leis do sucesso e sua relação com as crenças sobre o Dinheiro 60

        4.1.1. Origens e significados do dinheiro. 62
            4.1.2. Visão sistêmica sobre o dinheiro. 63

    4.3. Os 10 mandamentos do sucesso na visão sistêmica. 65

        4.2.1. Oferecer algo que serve para os outros. 66
        4.2.2. Recrutar, treinar e instruir ajudantes. 68
        4.2.3. Liderança e iniciativa 69
        4.2.4. Análise da concorrência 71
        4.2.5. Proteção dos recursos pessoais 73
        4.2.6. Reconhecimento da interdependência. 74
        4.2.7. Celebração das conquistas pessoais. 76
        4.2.8. Solidariedade com a comunidade 77
        4.2.9. Preparação dos descendentes para continuar o legado. 78
        4.2.10. Abertura para novas possibilidades e caminhos 80

EMARANHAMENTOS E LEALDADES INVISÍVEIS 83

    5.1. Compreensão dos emaranhamentos e suas implicações nas Relações familiares. 83

        5.1.1. Natureza dos emaranhamentos familiares 84

Exploração das Dinâmicas Complexas que Criam Emaranhamentos ... 86
Impacto dos Emaranhamentos nos Indivíduos e no Sistema Familiar como um todo 87

    5.1.2. Origens dos emaranhamentos 89

Análise das Causas e Eventos que Contribuem para o Surgimento de Emaranhamentos 90

Exemplos Práticos de Situações que Podem Resultar em Emaranhamentos 92

    5.1.3. Manifestações dos emaranhamentos 93

Identificação de Sintomas e Padrões Comuns Associados aos Emaranhamentos 94

Como os Emaranhamentos se Refletem nos Relacionamentos e no Bem-Estar Individual 96

    5.2. Identificação e resolução de lealdades invisíveis 97
    5.2.1. Conceito de lealdades invisíveis 99

Explicação do Significado e da Natureza das Lealdades Invisíveis na Dinâmica Familiar 100

Como as Lealdades Invisíveis Podem Afetar as Escolhas e Comportamentos Individuais 101

    5.2.2. Reconhecimento das lealdades invisíveis 103

Estratégias para Identificar e Tornar Conscientes as Lealdades Invisíveis Presentes nas Constelações 104

Exercícios Práticos para Revelar Lealdades Invisíveis e seus Efeitos ... 106

    5.2.3. Abordagens para a resolução de lealdades invisíveis 107

Métodos Terapêuticos para Trabalhar com Lealdades Invisíveis e Desfazer Vínculos Não Saudáveis 109

Técnicas de Intervenção para Desbloquear e Transformar Padrões de Lealdades Invisíveis 111

AGRADECIMENTO 113
GLOSSÁRIO 115

APRESENTAÇÃO

Bem-vindo ao mundo das raízes da Constelação Familiar, onde os segredos mais profundos dos sistemas familiares são revelados e transformações significativas aguardam aqueles que têm a coragem de explorá-los. Em "Raízes da Constelação: Fundamentos e Práticas", mergulhamos profundamente na essência desta abordagem terapêutica poderosa, oferecendo aos leitores uma jornada de autoconhecimento e compreensão das dinâmicas familiares.

Este livro é mais do que um guia; é uma fonte de sabedoria e *insight*s preciosos para aqueles que buscam desvendar os mistérios que moldam suas vidas. Nele, você encontrará uma exploração detalhada das origens e evolução da Constelação Familiar, desde seu desenvolvimento por Bert Hellinger até sua disseminação global como uma abordagem terapêutica altamente eficaz.

Ao longo das páginas deste livro, você será apresentado aos fundamentos essenciais da Constelação Familiar, incluindo as leis do amor de Bert Hellinger - Pertencimento, Hierarquia e Equilíbrio - e as leis da ajuda, que oferecem diretrizes valiosas para promover o crescimento e a cura dentro dos sistemas familiares.

Além disso, exploramos temas vitais como transgeracionalidade, herança familiar, campo sistêmico e muito mais, oferecendo uma compreensão abrangente das dinâmicas que influenciam nossas vidas e relacionamentos.

Este livro não apenas apresenta conceitos teóricos, mas também oferece exemplos práticos, exercícios e reflexões para ajudá-lo a aplicar os ensinamentos da Constelação Familiar em sua própria jornada de autoconhecimento e transformação.

RAÍZES DA CONSTELAÇÃO

Se você está buscando compreender as raízes profundas de sua própria existência, desvendar os padrões que moldam suas relações familiares e encontrar caminhos para a cura e o equilíbrio, "Raízes da Constelação: Fundamentos e Práticas" é o guia essencial que você estava procurando.

Prepare-se para uma jornada de descoberta e *insight* enquanto exploramos juntos as raízes da Constelação Familiar e os segredos que podem mudar sua vida para sempre.

PREFÁCIO

É com grande entusiasmo e gratidão que tenho o privilégio de escrever este prefácio para "Raízes da Constelação: Fundamentos e Práticas". Ao longo dos anos, mergulhei profundamente nas águas transformadoras da Constelação Familiar, guiado pela sabedoria e orientação da minha amada esposa, Josi Meda. Nesta jornada, testemunhei não apenas mudanças significativas dentro da minha própria família, mas também uma transformação contínua em minha vida como um todo.

Ao explorar as páginas deste livro, você será levado a uma jornada de autoconhecimento e compreensão mais profunda das dinâmicas familiares que moldam nossas vidas. Por meio das lentes das leis do amor - Pertencimento, Hierarquia e Equilíbrio - aprendi a reconhecer e honrar as dinâmicas que regem nossos relacionamentos familiares. Essas leis fundamentais não apenas lançam luz sobre as complexidades dos sistemas familiares, mas também oferecem um caminho para a cura e a harmonia.

Além das leis do amor, este livro explora as Leis da Ajuda, que fornecem diretrizes valiosas para promover o crescimento e a transformação dentro dos sistemas familiares. Aprender a dar apenas o que temos e tomar apenas o que precisamos é uma lição fundamental que aprendi em minha jornada, e testemunhei o poder dessa abordagem em minha própria vida e em minhas interações com os outros.

À medida que avançamos na exploração das raízes da Constelação Familiar, não podemos deixar de abordar temas como emaranhamentos e lealdades invisíveis, que muitas vezes exercem um poderoso efeito sobre nossas vidas sem que estejamos cientes disso. Esses padrões ocultos podem criar obstáculos para o crescimento e a felicidade, mas a partir da Constelação Familiar, aprendemos a trazer à luz essas dinâmicas e a encontrar caminhos para a libertação e o equilíbrio.

Como professor e facilitador, testemunhei inúmeras vezes o impacto transformador da Constelação Familiar na vida dos meus alunos e clientes. À medida que compartilhamos nossas histórias e experiências, criamos um espaço de cura e compreensão mútua, onde podemos encontrar suporte e orientação para nossas jornadas individuais.

Este livro é uma ferramenta valiosa para todos os buscadores de sabedoria e cura, oferecendo não apenas um guia para compreender as raízes da Constelação Familiar, mas também um convite para explorar as profundezas da alma e encontrar o caminho de volta ao equilíbrio e à conexão com nossos sistemas familiares.

Que esta jornada de descoberta e transformação traga bênçãos abundantes e ilumine o seu caminho rumo à plenitude e ao amor.

Com gratidão e admiração,

Marco Meda

FUNDAMENTOS DA CONSTELAÇÃO FAMILIAR

Bem-vindo(a) a uma jornada de descoberta das raízes profundas da Constelação Familiar. Nesta introdução, vamos explorar os fundamentos essenciais desta poderosa abordagem terapêutica que tem impactado vidas ao redor do mundo.

A Constelação Familiar, desenvolvida por Bert Hellinger, é mais do que uma técnica terapêutica; é uma filosofia de compreensão das dinâmicas familiares e relacionais que permeiam nossas vidas. Originária da observação das leis naturais que regem os sistemas familiares, a Constelação Familiar nos convida a mergulhar nas profundezas do inconsciente coletivo familiar, buscando compreender e transformar padrões que muitas vezes nos escapam à consciência.

Ao longo deste livro, vamos explorar as origens e evolução da Constelação Familiar, desde seus primórdios até sua disseminação global como uma abordagem terapêutica reconhecida e respeitada. Vamos investigar as influências de outras disciplinas, como a Psicologia Transpessoal, a Antropologia e a Filosofia Fenomenológica, no desenvolvimento e na compreensão da Constelação Familiar.

Além disso, vamos adentrar no campo sistêmico, uma rede invisível de conexões que influenciam os sistemas familiares, e explorar as dinâmicas que perpetuam padrões disfuncionais, assim como as leis do amor de Bert Hellinger - Pertencimento, Hierarquia e Equilíbrio - que regem essas interações.

Por meio de exemplos práticos, reflexões e exercícios, este livro oferece uma oportunidade de aprofundamento na compreensão das raízes da Constelação Familiar e sua aplicação na vida cotidiana. Seja você um terapeuta buscando expandir sua prática, um estudante em busca de conhecimento ou simplesmente alguém interessado em compreender melhor as complexidades dos relacionamentos familiares, este livro é um convite para uma jornada de autoconhecimento, crescimento e transformação.

Prepare-se para mergulhar nas profundezas da alma e desvendar os mistérios que moldam nossas vidas por meio dos fundamentos da Constelação Familiar. Que esta jornada seja enriquecedora e inspiradora, guiando-o rumo à compreensão e à cura de padrões que limitam seu potencial e sua felicidade.

Com gratidão e expectativa pelo que está por vir.

ORIGENS E EVOLUÇÃO DA CONSTELAÇÃO FAMILIAR

- *Exploração das Raízes Históricas da Constelação Familiar, desde seu desenvolvimento por Bert Hellinger até sua disseminação global.*

A Constelação Familiar tem suas raízes históricas no trabalho desenvolvido pelo psicoterapeuta alemão Bert Hellinger, a partir da década de 1970. Hellinger, influenciado por sua experiência como missionário na África do Sul e por diversos estudos em terapia familiar e psicanálise, desenvolveu uma abordagem terapêutica inovadora voltada para as dinâmicas familiares e sistêmicas.

Sua metodologia começou a ganhar destaque na década de 1980 na Alemanha e, posteriormente, se espalhou para outros países, tornando-se conhecida como Constelação Familiar. O termo "constelação" refere-se à ideia de que os membros de uma família formam um sistema interconectado, no qual cada pessoa ocupa um lugar e desempenha um papel específico.

O trabalho de Bert Hellinger baseia-se em observações empíricas sobre as relações familiares e em conceitos fundamentais, como as Ordens do Amor, que destacam a importância do pertencimento, da hierarquia e do equilíbrio nas relações familiares. Sua abordagem fenomenológica e sistêmica busca acessar informações ocultas ou inconscientes dentro do sistema familiar, permitindo que questões profundas sejam trazidas à luz e resolvidas de maneira terapêutica.

Com o passar dos anos, a Constelação Familiar expandiu-se globalmente e tornou-se uma prática terapêutica reconhecida e respeitada em todo o mundo. Seu impacto pode ser visto não apenas na terapia individual e familiar, mas também em áreas como a terapia organizacional, educacional e comunitária, demonstrando sua versatilidade e relevância em diferentes contextos culturais e sociais.

- *Contextualização da Constelação Familiar no campo da Psicoterapia e Terapia Sistêmica.*

A Constelação Familiar é uma abordagem terapêutica que se insere no campo da psicoterapia e terapia sistêmica. Ela se distingue por sua ênfase nas relações familiares e nos sistemas sociais mais amplos como fontes de compreensão e cura.

No contexto da psicoterapia, a Constelação Familiar destaca-se por sua abordagem experiencial e fenomenológica. Ao contrário de algumas formas tradicionais de terapia, que se concentram principalmente na verbalização dos problemas, a constelação facilita a exploração das dinâmicas familiares por meio de representações físicas e simbólicas.

Na terapia sistêmica, a Constelação Familiar é reconhecida pela sua compreensão da família como um sistema interconectado, no qual os membros influenciam uns aos outros de maneiras complexas e muitas vezes inconscientes. Ela se alinha com a visão sistêmica de que os problemas individuais estão enraizados em padrões familiares mais amplos, e que a cura muitas vezes requer uma abordagem que leve em consideração o sistema como um todo.

A constelação também se beneficia dos princípios fundamentais da terapia sistêmica, como o reconhecimento da circularidade das interações familiares, a ênfase na comunicação não verbal e a importância de abordar questões em seu contexto relacional. Esses princípios são incorporados à prática da Constelação Familiar para ajudar os clientes a acessar *insight*s profundos sobre suas questões pessoais e familiares, promovendo a cura e o crescimento emocional.

Dentro do campo da psicoterapia e terapia sistêmica, a Constelação Familiar oferece uma abordagem única e complementar, que se destaca por sua profundidade de *insight* e potencial transformador. Sua integração de perspectivas fenomenológicas, sistêmicas e experienciais a torna uma ferramenta valiosa para terapeutas e clientes que buscam compreender e resolver questões complexas de forma holística e eficaz.

- **Discussão sobre as influências de outras disciplinas, como Psicologia Transpessoal, Antropologia e Filosofia Fenomenológica, no desenvolvimento da Constelação Familiar.**

A Constelação Familiar, embora tenha sido desenvolvida principalmente por Bert Hellinger, foi influenciada por diversas disciplinas e correntes de pensamento que contribuíram para sua evolução e compreensão.

A Psicologia Transpessoal trouxe à Constelação Familiar uma perspectiva que vai além do indivíduo e da família, explorando estados de consciência expandida, espiritualidade e potencial humano. Essa influência se reflete na abordagem holística da Constelação, que considera não apenas os aspectos psicológicos e emocionais, mas também os aspectos espirituais e transcendentais da experiência humana.

A Antropologia forneceu *insight*s valiosos sobre os padrões culturais, rituais e sistemas de crenças que moldam as dinâmicas familiares e sociais. A compreensão das estruturas familiares em diferentes culturas e sociedades enriqueceu a visão da Constelação Familiar sobre a diversidade de experiências humanas e as influências culturais na formação de identidades individuais e familiares.

A Filosofia Fenomenológica contribuiu para a abordagem da Constelação Familiar ao enfatizar a importância da experiência subjetiva e da percepção pessoal na compreensão da realidade. Essa influência fenomenológica é evidente na ênfase da Constelação em observar e honrar as experiências vividas pelos clientes, sem julgamento ou interpretação prévia, e em reconhecer a importância da perspectiva individual na terapia.

Essas influências de disciplinas como Psicologia Transpessoal, Antropologia e Filosofia Fenomenológica enriqueceram a abordagem da Constelação Familiar, proporcionando uma compreensão mais ampla e integrada das dinâmicas familiares e sistêmicas. Ao incorporar esses *insight*s e perspectivas, a Constelação Familiar se tornou uma ferramenta terapêutica mais completa e eficaz, capaz de abordar questões complexas de uma maneira mais holística e compassiva.

Campo Sistêmico e sua Relevância na Terapia Contemporânea

- *Conceituação do Campo Sistêmico como uma rede invisível de conexões que influenciam os sistemas familiares.*

RAÍZES DA CONSTELAÇÃO

O campo sistêmico é um conceito fundamental na Constelação Familiar, que descreve uma rede invisível de conexões que permeia e influencia os sistemas familiares e sociais.

Imagine o campo sistêmico como uma espécie de "teia invisível" que conecta todos os membros de uma família, independentemente da distância física ou do tempo decorrido. Essa teia é composta por padrões de relacionamento, emoções, traumas não resolvidos e lealdades familiares que são transmitidos de uma geração para outra.

Dentro desse campo, cada pessoa ocupa um lugar e desempenha um papel específico, influenciado pelas dinâmicas familiares e pelos eventos históricos que moldaram a história da família. Esses padrões podem ser tanto conscientes quanto inconscientes e exercem uma poderosa influência sobre o comportamento, as escolhas e os relacionamentos dos membros da família.

Por meio da Constelação Familiar, os terapeutas podem acessar e explorar essas conexões invisíveis, revelando padrões ocultos, traumas não resolvidos e lealdades familiares que podem estar contribuindo para os desafios individuais e familiares enfrentados pelos clientes.

Ao reconhecer e trabalhar com o campo sistêmico, os clientes podem ganhar *insight*s profundos sobre suas questões pessoais e familiares, permitindo-lhes encontrar soluções e promover a cura dentro do sistema familiar como um todo.

Essa conceituação do campo sistêmico como uma rede invisível de conexões oferece uma maneira poderosa de entender e abordar os desafios familiares e sistêmicos, fornecendo uma base sólida para a prática terapêutica da Constelação Familiar.

- *Análise das interações entre os membros de uma família e como essas interações afetam o equilíbrio do sistema como um todo.*

A análise das interações entre os membros de uma família é essencial na Constelação Familiar, pois essas interações desempenham um papel significativo na dinâmica e no equilíbrio do sistema familiar como um todo.

Cada membro de uma família influencia e é influenciado pelos outros membros, criando uma teia complexa de relacionamentos e padrões de comportamento. Essas interações podem ser tanto conscientes quanto inconscientes e têm o potencial de afetar profundamente o bem-estar emocional e psicológico de todos os envolvidos.

Por exemplo, conflitos não resolvidos entre pais podem afetar os filhos, causando estresse e disfunção no sistema familiar. Da mesma forma, lealdades familiares não expressas ou segredos mantidos podem criar tensões silenciosas que prejudicam o equilíbrio e a harmonia da família.

Ao analisar essas interações, os terapeutas da Constelação Familiar podem identificar padrões disfuncionais, áreas de tensão e fontes de desequilíbrio dentro do sistema familiar. Eles podem ajudar os clientes a reconhecer e compreender como suas interações passadas e presentes afetam sua dinâmica familiar e a buscar maneiras saudáveis de resolver conflitos e restaurar o equilíbrio.

Essa análise das interações familiares permite uma compreensão mais profunda das complexidades do sistema familiar e fornece *insights* valiosos para promover a cura e o crescimento dentro do sistema como um todo. Ao reconhecer e abordar essas interações de maneira terapêutica, os clientes podem encontrar maior harmonia, conexão e resiliência em suas relações familiares.

- **Exploração da visão sistêmica da terapia, que enfatiza a importância de considerar não apenas o indivíduo, mas também seu contexto familiar e social.**

A visão sistêmica da terapia é um componente fundamental da Constelação Familiar, pois reconhece a importância de considerar não apenas o indivíduo, mas também seu contexto familiar e social ao abordar questões emocionais e psicológicas.

Essa abordagem terapêutica reconhece que os indivíduos são influenciados por seus relacionamentos e pelo ambiente em que vivem. Portanto, ao investigar e tratar problemas emocionais e comportamentais, é essencial examinar o sistema familiar como um todo, incluindo padrões de relacionamento, dinâmicas familiares e sistemas de crenças compartilhados.

Por exemplo, um indivíduo que está enfrentando dificuldades em seu relacionamento conjugal pode ser afetado por padrões de relacionamento aprendidos em sua família de origem. Ao explorar esses padrões e dinâmicas familiares, os terapeutas podem ajudar o cliente a entender como suas experiências passadas influenciam seus relacionamentos atuais e a desenvolver estratégias para promover relacionamentos mais saudáveis e satisfatórios.

Além disso, a visão sistêmica da terapia reconhece a importância do contexto social mais amplo em que o indivíduo está inserido. Isso inclui considerar fatores como cultura, religião, classe social e sistemas de suporte social ao compreender a experiência e as necessidades do cliente.

Ao adotar uma abordagem sistêmica, os terapeutas da Constelação Familiar podem ajudar os clientes a desenvolver uma compreensão mais completa de si mesmos e de seus relacionamentos, promovendo a cura, o crescimento pessoal e a resiliência não apenas a nível individual, mas também dentro do contexto familiar e social mais amplo.

TRANSGERACIONALIDADE E HERANÇA FAMILIAR

- *Discussão sobre a transmissão de padrões comportamentais, crenças e traumas ao longo das gerações.*

A discussão sobre a transmissão de padrões comportamentais, crenças e traumas ao longo das gerações é um aspecto crucial da Constelação Familiar, que reconhece que muitos dos desafios emocionais e psicológicos enfrentados por indivíduos podem ser resultado de influências herdadas de seus antepassados.

Essa transmissão de padrões pode ocorrer de várias maneiras. Por exemplo, um pai que experimentou traumas durante sua infância pode inadvertidamente transmitir seus padrões de comportamento disfuncionais para seus filhos, mesmo sem estar consciente disso. Da mesma forma, crenças familiares arraigadas sobre questões como amor, sucesso, dinheiro e relacionamentos podem ser passadas de geração para geração, moldando as experiências e as escolhas dos descendentes.

Além disso, traumas não resolvidos, como abuso, negligência, perda e separação, podem ser transmitidos de uma geração para outra por meio de padrões familiares, dinâmicas de relacionamento e até mesmo epigenética, influenciando a saúde mental e emocional dos descendentes.

Ao explorar essa transmissão de padrões ao longo das gerações, os terapeutas da Constelação Familiar podem ajudar os clientes a identificar e compreender como as experiências passadas de seus antepassados podem estar influenciando suas vidas no presente. Isso permite que os clientes reconheçam padrões disfuncionais, interrompam ciclos negativos e busquem maneiras saudáveis de curar e transformar os padrões herdados, promovendo assim o bem-estar e a resiliência emocional dentro da família.

- **Exploração do conceito de herança familiar, que se refere às influências psicológicas e emocionais transmitidas de uma geração para outra.**

A exploração do conceito de herança familiar na Constelação Familiar destaca a importância das influências psicológicas e emocionais que são transmitidas de uma geração para outra dentro de uma família.

Essa herança familiar pode incluir uma variedade de elementos, como padrões de comportamento, crenças, valores, traumas não resolvidos, segredos familiares e lealdades invisíveis. Esses elementos podem ser transmitidos de forma direta ou indireta, consciente ou inconscientemente, e exercem uma poderosa influência sobre o desenvolvimento emocional, psicológico e relacional dos descendentes.

Por exemplo, um padrão de comportamento como a tendência à procrastinação ou ao perfeccionismo pode ser transmitido de pais para filhos, influenciando a forma como os descendentes abordam seus próprios desafios e objetivos na vida. Da mesma forma, traumas não resolvidos, como experiências de guerra, abuso ou perda, podem afetar gerações futuras, causando sintomas de estresse pós-traumático, ansiedade ou depressão.

Ao explorar a herança familiar, os terapeutas da Constelação Familiar ajudam os clientes a identificar e compreender como essas influências passadas podem estar afetando suas vidas no presente. Isso permite que os clientes reconheçam padrões disfuncionais, interrompam ciclos negativos e busquem maneiras saudáveis de curar e transformar os aspectos herdados, promovendo assim o crescimento pessoal, a resiliência emocional e o bem-estar dentro da família.

- **Análise das dinâmicas familiares que perpetuam padrões disfuncionais e como a Constelação Familiar pode ajudar a interromper esses padrões.**

A análise das dinâmicas familiares que perpetuam padrões disfuncionais é um aspecto crucial da abordagem da Constelação Familiar. Essa análise visa entender como certos comportamentos, crenças e interações familiares contribuem para a perpetuação de problemas e conflitos dentro da família.

Por exemplo, padrões de comunicação não saudáveis, como evitação de conflitos ou falta de expressão emocional, podem contribuir para o desenvolvimento de problemas de relacionamento entre os membros da família. Da mesma forma, lealdades invisíveis a membros excluídos ou eventos traumáticos não resolvidos podem criar tensões e disfunções que se perpetuam ao longo do tempo.

A Constelação Familiar oferece uma abordagem única para interromper esses padrões disfuncionais, permitindo que os clientes observem e compreendam as dinâmicas familiares de uma nova perspectiva. Por meio de representações simbólicas e experiências terapêuticas, os clientes podem acessar *insight*s profundos sobre as influências ocultas que moldam suas relações familiares.

Ao trazer à luz padrões disfuncionais e questões não resolvidas, a Constelação Familiar capacita os clientes a reconhecerem seu papel dentro do sistema familiar e a buscar maneiras saudáveis de promover mudanças positivas. Isso pode incluir estabelecer limites saudáveis, expressar emoções reprimidas, reconhecer e honrar as necessidades individuais de cada membro da família, e reconciliar conflitos passados.

Ao interromper esses padrões disfuncionais e promover uma maior compreensão e conexão dentro da família, a Constelação Familiar ajuda os clientes a criar uma base mais sólida para relacionamentos mais saudáveis, resilientes e gratificantes no futuro.

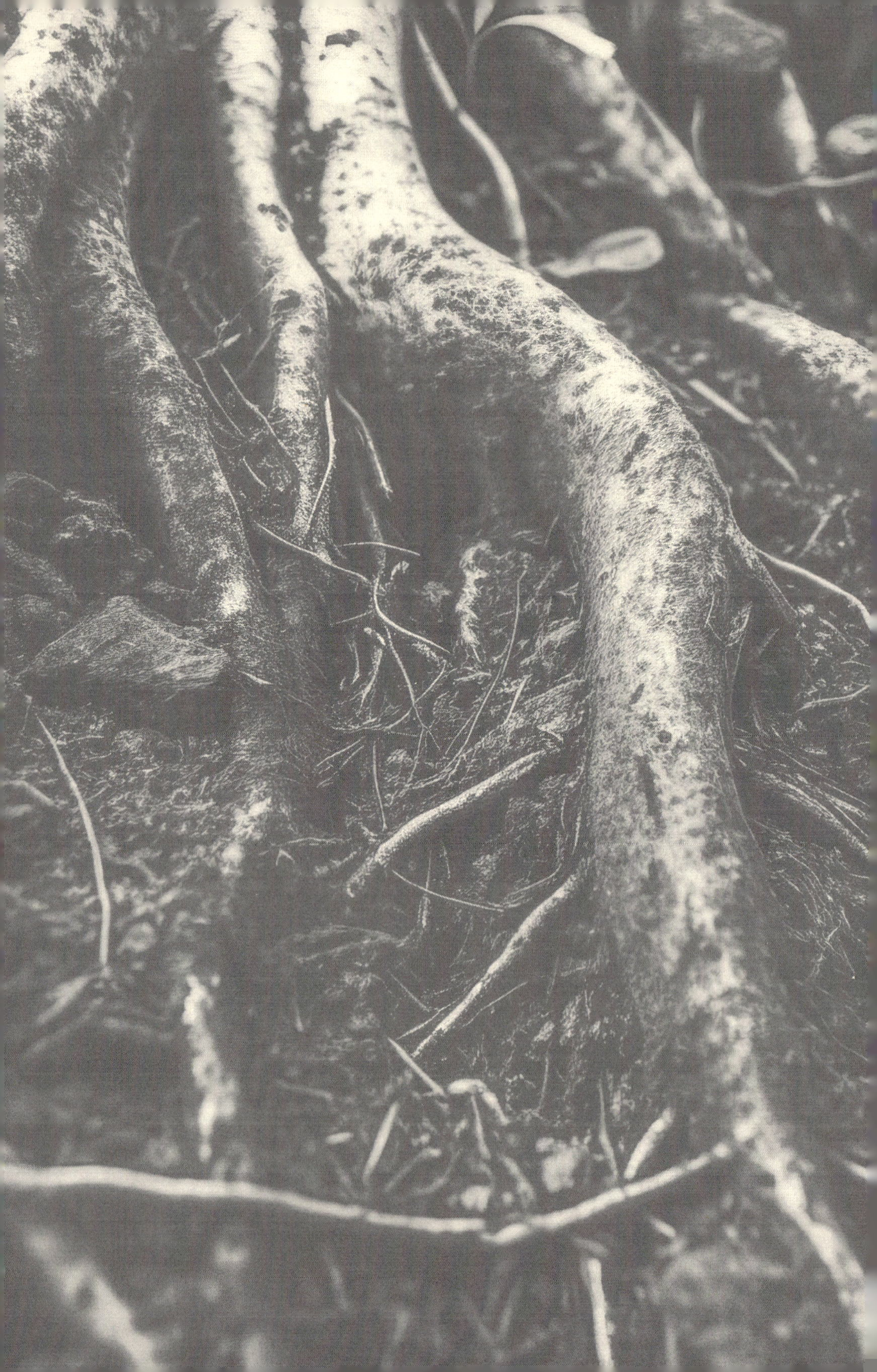

ORDENS DO AMOR DE BERT HELLINGER

- *Detalhamento das três principais ordens do amor: Pertencimento, Ordem e Hierarquia e Equilíbrio.*

As três principais ordens do amor - Pertencimento, Hierarquia e Equilíbrio - são conceitos fundamentais na Constelação Familiar, desenvolvidos por Bert Hellinger. Eles descrevem as dinâmicas essenciais que regem as relações familiares e sociais e são fundamentais para promover o bem-estar e a harmonia dentro do sistema familiar.

- **Pertencimento:** Esta primeira ordem do amor destaca a importância de cada membro da família ter o direito incondicional de pertencer ao sistema familiar. Isso significa que todos os membros da família, independentemente de suas escolhas, comportamentos ou características, têm um lugar legítimo e valioso dentro do sistema. Quando esse princípio não é respeitado, podem surgir conflitos, exclusões ou sentimentos de alienação dentro da família.

- **Ordem e Hierarquia:** A segunda ordem do amor refere-se à importância de cada membro da família ocupar seu lugar apropriado na hierarquia familiar. Isso significa que os pais devem ocupar uma posição de autoridade e responsabilidade, enquanto os filhos devem ocupar uma posição de respeito e submissão adequada à sua idade e papel na família. Quando essa ordem é desrespeitada, podem surgir conflitos de poder, desrespeito ou desequilíbrio nas relações familiares.

- **Equilíbrio:** A terceira ordem do amor diz respeito à necessidade de equilíbrio e troca de dar e tomar dentro do sistema familiar. Isso significa que os membros da família devem ser capazes de dar e tomar apoio, amor, cuidado e respeito de maneira equitativa e saudável. Quando essa ordem é desrespeitada, podem surgir desequilíbrios nas relações, ressentimento, dependência ou falta de reciprocidade.

Por meio da compreensão e respeito às três ordens do amor, as famílias podem criar um ambiente mais saudável e harmonioso, promovendo relacionamentos mais fortes, respeitosos e gratificantes entre os membros. A Constelação Familiar utiliza esses princípios como base para promover a cura, a reconciliação e o crescimento dentro do sistema familiar.

- *Exploração de como essas ordens governam as relações familiares e a dinâmica sistêmica.*

As três principais ordens do amor - Pertencimento, Ordem e Hierarquia e Equilíbrio - governam as relações familiares e a dinâmica sistêmica de maneira profunda e significativa na Constelação Familiar.

- **Pertencimento:** Esta ordem do amor estabelece que cada membro da família tem o direito incondicional de pertencer ao sistema familiar. Quando esse princípio é respeitado, os membros da família se sentem aceitos, valorizados e incluídos, criando um senso de segurança e pertencimento. Por outro lado, quando o pertencimento é violado, sentimentos de exclusão, alienação e deslocamento podem surgir, afetando negativamente a dinâmica familiar.

- **Ordem e Hierarquia:** A ordem da hierarquia define os papéis e posições de autoridade dentro do sistema familiar. Os pais geralmente ocupam uma posição de liderança e responsabilidade, enquanto os filhos ocupam uma posição de submissão e respeito. Quando essa ordem é respeitada, há clareza de papéis e uma estrutura estável que promove a segurança e a estabilidade emocional. No entanto, se a hierarquia não for respeitada, podem surgir conflitos de poder, desrespeito e desequilíbrio nas relações familiares.

- **Equilíbrio:** A ordem do equilíbrio refere-se à troca equitativa de dar e tomar dentro do sistema familiar. Isso envolve não apenas dar apoio, amor e cuidado aos membros da família, mas também ser capaz de receber essas mesmas coisas em troca. Quando essa ordem é respeitada, há uma sensação de reciprocidade e harmonia nas relações familiares. No entanto, quando há desequilíbrio na troca, podem surgir ressentimentos, dependência emocional e conflitos dentro do sistema familiar.

Ao explorar e compreender como essas ordens governam as relações familiares e a dinâmica sistêmica, os membros da família podem trabalhar juntos para promover um ambiente mais saudável e harmonioso. A Constelação Familiar utiliza esses princípios como base para promover a cura, a reconciliação e o crescimento dentro do sistema familiar, ajudando os membros a reconhecer e honrar essas ordens do amor em suas vidas.

- *Exemplos práticos de como as ordens do amor podem se manifestar em diferentes contextos familiares e como podem ser trabalhadas durante uma constelação.*

As ordens do amor - Pertencimento, Ordem e Hierarquia e Equilíbrio - podem se manifestar de diferentes maneiras em contextos familiares e são trabalhadas de maneira específica durante uma sessão de Constelação Familiar.

- **Pertencimento:** No contexto do pertencimento, uma questão comum que pode surgir é a exclusão de um membro da família, seja devido a uma ruptura, divórcio, morte ou outro motivo. Durante uma constelação, essa exclusão pode ser representada por meio de figuras simbólicas, permitindo que os membros da família reconheçam e honrem o lugar de cada indivíduo no sistema familiar. Ao fazer isso, o pertencimento é restaurado, promovendo uma sensação de união e aceitação entre todos os membros da família.

- **Ordem e Hierarquia:** A questão da hierarquia pode surgir quando há conflitos de poder ou desequilíbrio nas relações familiares, como pais que não conseguem exercer autoridade sobre os filhos. Durante uma constelação, os terapeutas podem ajudar a restabelecer a hierarquia adequada, permitindo que os membros da família assumam seus papéis de liderança ou submissão de maneira equilibrada e saudável. Isso pode envolver representações simbólicas que destacam a importância de cada papel dentro da família.

- **Equilíbrio:** A falta de equilíbrio na troca de dar e receber pode ser representada por questões como superproteção, dependência emocional ou falta de apoio dentro da família. Durante uma constelação, os terapeutas podem facilitar experiências terapêuticas que permitem aos membros da família reconhecer e corrigir desequilíbrios na troca. Isso pode envolver expressar gratidão, oferecer apoio emocional ou estabelecer limites saudáveis, promovendo assim uma maior harmonia e reciprocidade dentro do sistema familiar.

Esses são apenas alguns exemplos de como as ordens do amor podem se manifestar e ser trabalhadas durante uma constelação. O objetivo é identificar e abordar os padrões disfuncionais que afetam as relações familiares, promovendo a cura, a reconciliação e o crescimento dentro do sistema familiar.

PRINCÍPIOS FENOMENOLÓGICOS E FILOSOFIA SISTÊMICA

- *Explicação dos princípios fenomenológicos aplicados na Constelação Familiar, como suspensão de julgamento e foco na experiência subjetiva.*

Os princípios fenomenológicos aplicados na Constelação Familiar são fundamentais para facilitar um processo terapêutico eficaz e significativo. Eles incluem a suspensão de julgamento e o foco na experiência subjetiva.

- **Suspensão de Julgamento:** Na Constelação Familiar, é essencial que os participantes, incluindo o terapeuta e os clientes, suspendam seus julgamentos prévios e pré-concepções sobre as questões apresentadas. Isso significa deixar de lado quaisquer opiniões ou avaliações pessoais sobre os membros da família ou as situações familiares em questão. A suspensão de julgamento permite que todos os envolvidos se abram para novas perspectivas e *insight*s que possam surgir durante o processo de constelação, facilitando um ambiente de aceitação e compreensão genuína.

- **Foco na Experiência Subjetiva:** Outro princípio fenomenológico importante na Constelação Familiar é o foco na experiência subjetiva dos participantes. Isso envolve direcionar a atenção para as emoções, sensações físicas, pensamentos e percepções individuais de cada pessoa envolvida no processo. Os terapeutas da Constelação Familiar encorajam os participantes a compartilhar suas experiências internas de uma maneira autêntica e não julgadora, permitindo que eles explorem e processem seus sentimentos de uma maneira significativa. Esse foco na experiência subjetiva ajuda a revelar *insights* profundos e a promover a cura emocional dentro do contexto terapêutico.

Ao aplicar esses princípios fenomenológicos, os terapeutas da Constelação Familiar criam um espaço seguro e respeitoso para explorar questões familiares complexas. Isso permite que os participantes se envolvam plenamente no processo terapêutico, facilitando a descoberta de soluções e *insights* valiosos que promovem o crescimento pessoal e a transformação dentro do sistema familiar.

- *Discussão sobre a filosofia sistêmica subjacente à Constelação Familiar, que enfatiza a interconexão de todos os elementos de um sistema e a busca pelo equilíbrio dinâmico.*

A filosofia sistêmica subjacente à Constelação Familiar baseia-se na compreensão da interconexão de todos os elementos dentro de um sistema familiar e na busca pelo equilíbrio dinâmico entre esses elementos.

- **Interconexão dos elementos do sistema:** A filosofia sistêmica reconhece que todos os membros de uma família e suas experiências estão interligados de maneira complexa. Isso significa que as ações e emoções de um membro da família podem afetar diretamente os outros membros e o sistema como um todo. Portanto, ao abordar questões familiares na Constelação Familiar, é essencial considerar não apenas o indivíduo em questão, mas também o contexto mais amplo do sistema familiar.

- **Busca pelo equilíbrio dinâmico:** A filosofia sistêmica também enfatiza a importância do equilíbrio dinâmico dentro do sistema familiar. Isso significa que o sistema familiar está em constante estado de mudança e adaptação, buscando um estado de equilíbrio que promova a saúde e o bem-estar de todos os seus membros. Na Constelação Familiar, os terapeutas ajudam os participantes a identificar e corrigir desequilíbrios dentro do sistema, facilitando a restauração da harmonia e da funcionalidade.

Ao entender e aplicar a filosofia sistêmica na Constelação Familiar, os terapeutas podem ajudar os clientes a explorar as complexidades das dinâmicas familiares e a encontrar soluções que promovam o crescimento, a cura e o fortalecimento do sistema familiar como um todo. Isso permite que os participantes desenvolvam uma compreensão mais profunda de si mesmos e de seus relacionamentos, facilitando mudanças positivas e duradouras dentro do sistema familiar.

- *Reflexão sobre como esses princípios e filosofias influenciam a abordagem terapêutica na Constelação Familiar.*

Os princípios e filosofias discutidos anteriormente exercem uma influência profunda na abordagem terapêutica adotada na Constelação Familiar. Eles moldam a forma como os terapeutas conduzem as sessões e como os participantes são convidados a explorar e resolver questões familiares.

- **Suspensão de Julgamento e Foco na Experiência Subjetiva:** Esses princípios influenciam a abordagem terapêutica ao criar um ambiente seguro e acolhedor onde os participantes se sintam à vontade para compartilhar suas experiências pessoais de maneira aberta e autêntica. Os terapeutas da Constelação Familiar facilitam esse processo incentivando a reflexão, a escuta ativa e a empatia, permitindo que os participantes explorem suas emoções e percepções de maneira significativa.

- **Filosofia Sistêmica e Interconexão:** Essa filosofia influencia a abordagem terapêutica ao destacar a importância de considerar o sistema familiar como um todo e as interações complexas entre seus membros. Os terapeutas da Constelação Familiar ajudam os participantes a identificar padrões e dinâmicas familiares que contribuem para problemas ou conflitos, promovendo uma compreensão mais profunda das influências mútuas dentro do sistema.

- **Busca pelo Equilíbrio Dinâmico:** A filosofia sistêmica também orienta os terapeutas na busca por um equilíbrio dinâmico dentro do sistema familiar. Isso implica ajudar os participantes a reconhecer e corrigir desequilíbrios nas relações, promovendo a restauração da harmonia e do funcionamento saudável do sistema. Os terapeutas facilitam esse processo oferecendo *insights*, orientações e intervenções terapêuticas que promovem a cura e o crescimento dentro do sistema familiar.

Em suma, os princípios e filosofias que fundamentam a Constelação Familiar moldam sua abordagem terapêutica, guiando os terapeutas na criação de um espaço terapêutico seguro e facilitando a exploração, compreensão e resolução de questões familiares de maneira eficaz e significativa.

RAÍZES DA CONSTELAÇÃO

1.1. ORIGENS E EVOLUÇÃO DA CONSTELAÇÃO FAMILIAR

As origens e a evolução da Constelação Familiar são fundamentais para compreender sua abordagem terapêutica única e sua aplicação contemporânea.

- **Origens:** A Constelação Familiar foi desenvolvida por Bert Hellinger, um psicoterapeuta alemão, na década de 1970. Hellinger foi influenciado por várias disciplinas, incluindo psicoterapia, fenomenologia, teoria dos sistemas e terapia familiar, ao criar essa abordagem inovadora. Suas experiências como missionário na África do Sul e sua exposição a diferentes culturas também contribuíram para suas ideias sobre dinâmicas familiares.

- **Evolução:** Ao longo das décadas, a Constelação Familiar evoluiu significativamente, incorporando *insight*s, técnicas e abordagens de diversos campos, como psicologia, neurociência, espiritualidade e práticas terapêuticas tradicionais. A abordagem de Hellinger foi refinada e adaptada por outros terapeutas e praticantes, resultando em uma variedade de métodos e aplicações dentro da Constelação Familiar.

Essa evolução também levou à disseminação global da Constelação Familiar, com praticantes e facilitadores em todo o mundo oferecendo *workshops*, sessões individuais e treinamentos em constelação. Hoje, a Constelação Familiar é reconhecida como uma abordagem terapêutica poderosa e transformadora, amplamente utilizada para abordar uma variedade de questões familiares, relacionais e pessoais.

Ao compreender as origens e a evolução da Constelação Familiar, os terapeutas e os participantes podem apreciar a profundidade e a complexidade dessa abordagem terapêutica e sua aplicação prática na resolução de problemas familiares e no avanço do bem-estar emocional e relacional.

1.2. CAMPO SISTÊMICO E SUA RELEVÂNCIA NA TERAPIA CONTEMPORÂNEA

O campo sistêmico e sua relevância na terapia contemporânea desempenham um papel fundamental na compreensão e na abordagem das dinâmicas familiares e relacionais.

- **Campo Sistêmico:** O campo sistêmico refere-se à rede invisível de conexões e influências que permeiam os sistemas familiares e relacionais. Essas conexões podem ser físicas, emocionais, psicológicas e até mesmo espirituais, e afetam diretamente o funcionamento e o bem-estar de todos os membros do sistema. Na Constelação

Familiar, os terapeutas reconhecem a importância de considerar o campo sistêmico ao explorar questões familiares, pois ele fornece *insights* valiosos sobre as dinâmicas subjacentes e as interações entre os membros da família.

- **Relevância na Terapia Contemporânea:** O campo sistêmico é altamente relevante na terapia contemporânea porque oferece uma abordagem holística e integrativa para entender e abordar problemas familiares e relacionais. Em contraste com abordagens terapêuticas mais individualistas, a terapia sistêmica reconhece a interdependência entre os membros da família e a influência mútua de suas experiências e comportamentos. Isso permite que os terapeutas ofereçam intervenções eficazes que abordam não apenas os sintomas individuais, mas também as causas subjacentes dos problemas dentro do contexto familiar.

A abordagem do campo sistêmico na terapia contemporânea tem sido amplamente adotada e reconhecida como uma maneira poderosa de promover a cura, a resolução de problemas e o crescimento pessoal e familiar. Ao considerar o campo sistêmico, os terapeutas podem ajudar os clientes a desenvolver uma compreensão mais profunda de suas relações e a criar mudanças positivas e duradouras em suas vidas.

1.3. TRANSGERACIONALIDADE E HERANÇA FAMILIAR

A transgeracionalidade e a herança familiar são conceitos fundamentais na Constelação Familiar e na terapia sistêmica contemporânea, pois destacam a influência das gerações passadas no funcionamento e nas dinâmicas familiares atuais.

- **Transgeracionalidade:** refere-se à transmissão de padrões comportamentais, crenças, traumas e emoções ao longo das gerações. Esses padrões podem se manifestar de maneiras diversas dentro do sistema familiar, influenciando o comportamento, as relações e o bem-estar emocional dos membros da família. Na Constelação Familiar, os terapeutas exploram a transgeracionalidade para identificar padrões repetitivos e questões não resolvidas que podem estar impactando a família de maneira inconsciente.

- **Herança Familiar:** refere-se às influências psicológicas, emocionais e culturais transmitidas de uma geração para outra dentro da famí-

RAÍZES DA CONSTELAÇÃO

lia. Isso pode incluir valores, tradições, traumas não resolvidos e segredos familiares que moldam as experiências e identidades dos membros da família. Na Constelação Familiar, os terapeutas exploram a herança familiar para ajudar os clientes a entenderem melhor suas origens e a lidarem com questões não resolvidas que podem estar afetando suas vidas de maneira significativa.

Ao compreender a transgeracionalidade e a herança familiar, os terapeutas e os clientes podem explorar questões familiares de maneira mais completa e abrangente, promovendo a cura, a reconciliação e o crescimento pessoal dentro do sistema familiar. Esses conceitos oferecem uma perspectiva poderosa para compreender as dinâmicas familiares e criar mudanças positivas e duradouras em toda a família.

LEIS DO AMOR DE BERT HELLINGER

2.1. PERTENCIMENTO

A primeira lei do amor, pertencimento, refere-se ao princípio de que todos os membros de uma família têm o direito inerente de pertencer ao sistema familiar, independentemente de suas escolhas, comportamentos ou circunstâncias. Isso significa que cada pessoa é parte integrante do sistema familiar, e sua exclusão ou rejeição pode causar desequilíbrios e sofrimento dentro do sistema.

- **Implicações Práticas:** Na prática da Constelação Familiar, o pertencimento é abordado reconhecendo e honrando todos os membros da família, incluindo aqueles que foram excluídos, esquecidos ou negligenciados. Ao reconhecer e incluir esses membros, a harmonia e o equilíbrio dentro do sistema podem ser restaurados.

EXERCÍCIO PRÁTICO PARA EXPLORAR O PERTENCIMENTO NA CONSTELAÇÃO FAMILIAR

- **Identificação dos Excluídos:** Faça uma lista de todos os membros de sua família, incluindo aqueles que foram excluídos, esquecidos ou negligenciados ao longo do tempo. Isso pode incluir membros falecidos precocemente, parentes distantes, membros que foram ostracizados ou aqueles sobre os quais pouco se sabe.

- **Visualização Familiar:** Encontre um local tranquilo e reserve um tempo para uma visualização guiada. Feche os olhos e imagine-se em um espaço seguro e reconfortante, rodeado por uma aura de luz amorosa. Visualize os membros de sua família, um por um, aparecendo diante de você, independentemente de estarem vivos ou não.

- **Reconhecimento e Aceitação:** À medida que cada membro da família aparece, observe suas emoções e reações. Reconheça qualquer resistência ou desconforto que possa surgir ao encontrar membros que foram excluídos ou esquecidos. Pratique a aceitação e a compaixão, permitindo que esses membros sejam reconhecidos e incluídos em seu campo de pertencimento.

- **Conversa Imaginária:** Escolha um membro da família que tenha sido excluído ou negligenciado e imagine-se tendo uma conversa com ele. Expresse suas emoções, perguntas ou palavras não ditas que gostaria de compartilhar. Permita-se sentir a presença e a conexão com esse membro, reconhecendo seu direito de pertencer à sua família.

- **Ritual de Inclusão:** Crie um ritual simbólico para honrar e incluir os membros da família que foram excluídos. Isso pode envolver acender uma vela em sua homenagem, criar um altar com fotos e objetos que representem esses membros ou escrever uma carta para expressar seus sentimentos e intenções de reconciliação.

- **Reflexão e Integração:** Após completar o exercício, reserve um tempo para refletir sobre suas experiências e *insight*s. Anote quaisquer percepções, emoções ou mudanças de perspectiva que surgiram durante o processo. Busque integrar essas descobertas em sua vida cotidiana, praticando a aceitação e o amor incondicional por todos os membros de sua família, incluindo aqueles que foram excluídos.

Este exercício prático visa promover a conscientização e a aceitação do princípio do pertencimento na Constelação Familiar, capacitando os participantes a reconhecer e incluir todos os membros de sua família, independentemente de sua história ou circunstâncias.

2.2. ORDEM E HIERARQUIA

A segunda lei do amor, hierarquia, refere-se ao princípio de que existe uma ordem natural dentro dos sistemas familiares, na qual os pais têm um papel de autoridade e os filhos ocupam um lugar de subordinação. Essa hierarquia não é baseada apenas na idade, mas também no respeito e na reverência aos antepassados e àqueles que vieram antes de nós.

- **Implicações Práticas:** Na Constelação Familiar, a hierarquia é honrada reconhecendo e respeitando os pais e antepassados como figuras centrais dentro do sistema. Isso envolve reconhecer suas contribuições, respeitar suas escolhas e assumir responsabilidade por nossas próprias vidas, seguindo o exemplo e os ensinamentos dos que vieram antes de nós.

EXERCÍCIO PRÁTICO PARA EXPLORAR A HIERARQUIA NA CONSTELAÇÃO FAMILIAR

- **Árvore Genealógica:** Comece desenhando sua árvore genealógica, incluindo seus pais, avós, bisavós e outros antepassados. Liste seus nomes e, se possível, inclua datas de nascimento e falecimento, bem como qualquer informação adicional que você conheça sobre eles.

- **Reflexão sobre Papéis e Responsabilidades:** Reflita sobre os papéis e responsabilidades de seus pais e antepassados dentro de sua família. Considere as experiências de vida, desafios enfrentados e contribuições que cada um fez para a família e para sua própria jornada pessoal.

- **Honrando os Antepassados:** Reserve um momento para honrar seus antepassados, expressando gratidão por suas vidas e pelos legados que deixaram para trás. Você pode fazer isso acendendo uma vela em sua homenagem, oferecendo uma prece ou simplesmente dedicando um momento de silêncio para reconhecer sua presença e influência em sua vida.

- **Visualização da Hierarquia Familiar:** Feche os olhos e imagine-se em um espaço tranquilo e seguro, cercado por uma aura de luz amorosa. Visualize seus pais e antepassados diante de você, em uma formação hierárquica, com os ancestrais mais antigos ocupando um lugar de destaque.

- **Diálogo Imaginário:** Escolha um membro da sua árvore genealógica com quem você gostaria de se conectar e imagine-se tendo um diálogo com ele. Pergunte sobre sua vida, suas experiências e os ensinamentos que têm para compartilhar. Ouça com atenção e abertura, permitindo-se aprender com sua sabedoria e orientação.

- **Compromisso de Honrar a Hierarquia:** Faça um compromisso consigo mesmo de honrar a hierarquia dentro de sua família, reconhecendo e respeitando a autoridade e os ensinamentos de seus pais e antepassados. Isso pode envolver assumir responsabilidade por suas próprias escolhas e ações, seguindo o exemplo daqueles que vieram antes de você.

- **Reflexão e Integração:** Após completar o exercício, reserve um tempo para refletir sobre suas experiências e *insight*s. Anote quaisquer percepções, emoções ou mudanças de perspectiva que surgiram durante o processo. Busque integrar essas descobertas em sua vida cotidiana, praticando o respeito e a reverência pela hierarquia dentro de sua família e em outras áreas de sua vida.

Este exercício prático visa promover a compreensão e a honra da hierarquia na Constelação Familiar, capacitando os participantes a reconhecer e respeitar a autoridade e os ensinamentos de seus pais e antepassados, enquanto assumem responsabilidade por suas próprias vidas e escolhas.

2.3. EQUILÍBRIO

A terceira lei do amor, equilíbrio, refere-se ao princípio de que todos os membros de uma família têm o direito de ocupar um lugar de equilíbrio e dignidade dentro do sistema. Isso significa que cada pessoa deve assumir sua responsabilidade e encontrar seu lugar no sistema familiar, sem carregar fardos que não lhe pertencem.

- **Implicações Práticas:** Na Constelação Familiar, o equilíbrio é promovido ajudando os participantes a reconhecer e liberar fardos emocionais, traumas e lealdades invisíveis que podem estar impedindo-os de viver plenamente suas vidas. Isso permite que cada pessoa encontre seu lugar de equilíbrio e dignidade dentro do sistema familiar, promovendo o bem-estar emocional e relacional de todos os envolvidos.

EXERCÍCIO PRÁTICO PARA EXPLORAR O EQUILÍBRIO NA CONSTELAÇÃO FAMILIAR

- **Identificação de Fardos Emocionais:** Reserve um tempo para refletir sobre quaisquer fardos emocionais que você possa carregar em sua vida, como culpas, ressentimentos, medos ou preocupações. Liste esses fardos em um caderno ou papel, reconhecendo sua presença e impacto em sua vida.

- **Visualização da Linha de Equilíbrio:** Feche os olhos e visualize-se em pé em uma linha imaginária que representa o equilíbrio dentro de sua família. Imagine todos os membros de sua família ao seu redor, cada um ocupando seu lugar único e contribuindo para o equilíbrio do sistema como um todo.

- **Identificação de Lealdades Invisíveis:** Reflita sobre quaisquer lealdades invisíveis que você possa estar mantendo dentro de sua família, como a lealdade a um parente excluído ou a um trauma passado. Reconheça como essas lealdades podem estar afetando seu senso de equilíbrio e bem-estar emocional.

- **Liberação de Fardos:** Escolha um ou mais fardos emocionais que você deseja liberar e trabalhe para os deixar ir. Isso pode envolver escrever uma carta simbólica para expressar suas emoções, praticar exercícios de respiração e relaxamento para aliviar a tensão emocional, ou buscar apoio terapêutico para processar e curar traumas passados.

- **Reconexão com o Equilíbrio Interior:** Visualize-se retornando à linha de equilíbrio, sentindo-se leve, centrado e em paz consigo mesmo. Reconheça sua capacidade de encontrar equilíbrio e dignidade dentro de sua família, independentemente dos desafios que você enfrentou no passado.

- **Afirmações Positivas:** Crie afirmações positivas para reforçar seu senso de equilíbrio e autodeterminação. Repita essas afirmações diariamente para fortalecer sua mentalidade e promover um maior bem-estar emocional e relacional.

- **Integração e Ação:** Comprometa-se a integrar os *insight*s e aprendizados deste exercício em sua vida cotidiana. Tome medidas concretas para cultivar um senso de equilíbrio e harmonia em seus relacionamentos familiares, estabelecendo limites saudáveis, comunicando suas necessidades e assumindo responsabilidade por seu próprio bem-estar emocional.

Este exercício prático visa promover o equilíbrio emocional e relacional na Constelação Familiar, capacitando os participantes a reconhecer e liberar fardos emocionais e lealdades invisíveis que podem estar impedindo-os de viver plenamente suas vidas. Ao encontrar seu lugar de equilíbrio e dignidade dentro do sistema familiar, os participantes podem promover um maior bem-estar emocional e relacional para si mesmos e para suas famílias.

LEIS DA AJUDA DE BERT HELLINGER

3.1. EXPLORAÇÃO DAS LEIS DA AJUDA E SUA APLICAÇÃO NA CONSTELAÇÃO FAMILIAR

- **Introdução às Ordens da Ajuda**

As Leis da Ajuda são um conjunto de princípios que orientam as interações humanas de forma a promover o crescimento, a cura e o equilíbrio. Elas fornecem diretrizes sobre como ajudar os outros de maneira eficaz e respeitosa, reconhecendo as necessidades individuais e os sistemas nos quais as pessoas estão inseridas.

- **Primeira Ordem da Ajuda: Dar apenas o que tem e tomar apenas o que precisa**

Essa lei enfatiza a importância de respeitar os limites pessoais e reconhecer a autonomia e a responsabilidade de cada indivíduo. Na Constelação Familiar, isso se traduz em permitir que cada membro do sistema familiar assuma sua própria carga e responsabilidade, sem interferência ou sobreposição injustificada por parte de outros membros.

EXERCÍCIO PRÁTICO PARA EXPLORAR A PRIMEIRA ORDEM DA AJUDA

- **Reflexão sobre Limites Pessoais:** Reserve um tempo para refletir sobre seus próprios limites pessoais e necessidades individuais. Pergunte a si mesmo: "O que eu tenho para oferecer aos outros? Quais são as minhas necessidades que precisam ser atendidas?".

- **Identificação de Limites Violados:** Faça uma lista das situações em que seus limites pessoais foram violados no passado, seja por você mesmo ou por outros membros de sua família. Reconheça como essas violações afetaram seu bem-estar emocional e relacional.

- **Visualização de Fronteiras Saudáveis:** Feche os olhos e visualize-se cercado por fronteiras claras e saudáveis, representando seus limites pessoais. Observe como essas fronteiras protegem sua integridade emocional e lhe permitem viver com autenticidade e autonomia.

- **Prática da Comunicação Assertiva:** Pratique a comunicação assertiva ao expressar suas necessidades e limites aos outros. Use frases como "Eu me sinto confortável fazendo isso" ou "Eu prefiro não me envolver nisso" para comunicar suas preferências de forma clara e respeitosa.

- **Exercício de Autoempoderamento:** Escreva uma carta para si mesmo, reconhecendo e honrando seus próprios limites pessoais. Liste suas habilidades, talentos e recursos que você tem para oferecer aos outros, bem como suas necessidades que precisam ser respeitadas e atendidas.

- **Prática da Empatia e Aceitação:** Pratique a empatia e a aceitação ao reconhecer e respeitar os limites pessoais dos outros. Demonstre compreensão e apoio quando alguém expressar suas necessidades ou limites, mesmo que eles sejam diferentes dos seus.

- **Compromisso com o Autocuidado:** Comprometa-se a praticar o autocuidado e a autovalorização, priorizando suas próprias necessidades e bem-estar emocional. Reserve tempo regularmente para atividades que lhe tragam alegria, relaxamento e rejuvenescimento.

Este exercício prático visa promover uma compreensão mais profunda da importância de respeitar os limites pessoais e reconhecer a autonomia e a responsabilidade de cada indivíduo na Constelação Familiar. Ao praticar a comunicação assertiva, o autocuidado e a empatia, os participantes podem fortalecer seus próprios limites pessoais e promover relacionamentos mais saudáveis e respeitosos dentro de suas famílias e comunidades.

- **Segunda Ordem da Ajuda: Ela está a serviço da sobrevivência e do crescimento**

Essa lei destaca a necessidade de priorizar a sobrevivência e o crescimento de cada membro do sistema familiar. Na Constelação Familiar, isso significa reconhecer e honrar as necessidades individuais, emocionais e psicológicas de cada pessoa, buscando promover seu bem-estar e desenvolvimento pessoal dentro do sistema.

EXERCÍCIO PRÁTICO PARA EXPLORAR A SEGUNDA ORDEM DA AJUDA

- **Mapeamento das Necessidades Individuais:** Faça uma lista das necessidades individuais, emocionais e psicológicas de cada membro de sua família ou sistema social. Considere suas aspirações, desafios e áreas de crescimento pessoal.

- **Identificação de Obstáculos para a Sobrevivência e Crescimento:** Identifique os obstáculos internos e externos que podem estar impedindo o crescimento e o desenvolvimento pessoal de cada membro do sistema. Isso pode incluir traumas passados, crenças limitantes ou falta de recursos e apoio.

- **Exploração de Recursos e Apoio Disponíveis:** Faça uma lista dos recursos e apoio disponíveis dentro do sistema familiar ou comunidade que podem promover a sobrevivência e o crescimento de cada membro. Isso pode incluir apoio emocional, oportunidades de aprendizado e desenvolvimento, e acesso a serviços de saúde mental.

- **Estabelecimento de Metas Individuais:** Encoraje cada membro do sistema a estabelecer metas individuais para seu próprio crescimento e desenvolvimento pessoal. Isso pode envolver metas relacionadas à educação, carreira, saúde mental, relacionamentos ou autoconhecimento.

- **Desenvolvimento de Planos de Ação:** Ajude cada membro a desenvolver um plano de ação para alcançar suas metas individuais. Isso pode incluir a identificação de passos concretos a serem tomados, recursos necessários e prazos realistas.

- **Suporte e Incentivo Mútuo:** Promova um ambiente de apoio e incentivo mútuo dentro do sistema, onde cada membro se comprometa a apoiar e encorajar o crescimento e desenvolvimento pessoal dos outros. Isso pode incluir sessões regulares de *check-in*, compartilhamento de progresso e celebração de conquistas individuais.

- **Avaliação e Reajuste:** Regularmente, avalie o progresso individual de cada membro em direção às suas metas e ajuste os planos de ação conforme necessário. Esteja aberto a revisitar e adaptar os objetivos à medida que novas circunstâncias surgirem.

Este exercício prático visa promover uma cultura de apoio e desenvolvimento pessoal dentro do sistema familiar ou comunitário, reconhecendo e priorizando as necessidades individuais de cada membro. Ao promover a sobrevivência e o crescimento de todos, os participantes podem cultivar relacionamentos mais saudáveis e resilientes e contribuir para o bem-estar coletivo do sistema como um todo.

- **Terceira Ordem da Ajuda: O ajudante precisa se colocar como adulto**

Essa lei enfatiza a importância de assumir uma postura madura e responsável ao oferecer ajuda aos outros. Na Constelação Familiar, isso envolve os terapeutas e facilitadores agindo com respeito, compaixão e discernimento ao conduzir as sessões e oferecer orientação aos participantes, ajudando-os a acessar sua própria sabedoria interior e encontrar soluções para seus desafios familiares.

EXERCÍCIO PRÁTICO PARA EXPLORAR A TERCEIRA ORDEM DA AJUDA

- **Reflexão sobre a Postura do Ajudante:** Reserve um tempo para refletir sobre sua própria postura ao oferecer ajuda aos outros. Pergunte-se: Como eu me posiciono ao oferecer suporte ou orientação? Estou assumindo uma abordagem madura e responsável?

- **Análise de Experiências Anteriores:** Relembre experiências passadas em que você ofereceu ajuda a alguém, dentro ou fora do contexto terapêutico. Analise como você se comportou nessas situações. Houve momentos em que você agiu de maneira imatura ou desrespeitosa? Como você poderia ter assumido uma postura mais adulta?

- **Desenvolvimento da Empatia e Compaixão:** Pratique exercícios de empatia e compaixão para se conectar mais profundamente com as experiências e emoções dos outros. Isso pode incluir a prática da escuta ativa, o cultivo da empatia por meio da imaginação e o desenvolvimento de uma atitude de aceitação incondicional.

- **Aprimoramento da Comunicação Não-Violenta:** Aprenda e pratique técnicas de comunicação não-violenta para expressar suas necessidades, limites e preocupações de forma clara e respeitosa. Isso pode ajudá-lo a se comunicar de maneira mais eficaz e construtiva durante as interações de ajuda.

- **Cultivo do Autocuidado e do Desenvolvimento Pessoal:** Priorize o autocuidado e o desenvolvimento pessoal como parte de sua jornada de ajuda aos outros. Reserve tempo para cuidar de si mesmo, seja por meio de práticas de relaxamento, *hobbies* ou atividades que o energizem e fortaleçam.

- **Assunção de Responsabilidade Pessoal:** Reconheça e assuma a responsabilidade por suas próprias ações, escolhas e limitações. Evite cair na armadilha da vitimização ou da transferência de responsabilidade para os outros.

- **Prática da Aceitação e do Desapego:** Pratique a arte da aceitação e do desapego, reconhecendo que cada pessoa é responsável por sua própria jornada de crescimento e cura. Aprenda a deixar ir o desejo de controlar ou salvar os outros, e permita que eles assumam a responsabilidade por suas próprias vidas.

Este exercício prático visa ajudá-lo a desenvolver uma postura madura e responsável ao oferecer ajuda aos outros, tanto dentro como fora do contexto terapêutico. Ao cultivar a empatia, a compaixão e o autocuidado, você pode se tornar um ajudante mais eficaz e capacitado, capaz de oferecer suporte significativo aos que estão ao seu redor.

- **Quarta Ordem da Ajuda: A pessoa não é um ser isolado**

Essa lei reconhece a interconexão e interdependência de todos os seres humanos, destacando a importância de buscar apoio e colaboração dentro dos sistemas familiares e sociais. Na Constelação Familiar, isso se traduz em encorajar os participantes a reconhecer e buscar apoio em suas famílias e comunidades, reconhecendo que não estão sozinhos em seus desafios e que podem encontrar força e suporte nos relacionamentos interpessoais.

EXERCÍCIO PRÁTICO PARA EXPLORAR A QUARTA ORDEM DA AJUDA

- **Reflexão sobre a Interconexão Humana:** Dedique um tempo para refletir sobre a interconexão entre os seres humanos e a importância de buscar apoio e colaboração dentro dos sistemas familiares e sociais. Pergunte-se: Em que medida reconheço e valorizo os relacionamentos interpessoais em minha vida?

- **Análise de Experiências Pessoais:** Recorde situações em que você se sentiu isolado ou enfrentou desafios sozinho. Reflita sobre como essas experiências foram afetadas pela falta de apoio e colaboração de outras pessoas. Como você se sentiria se tivesse buscado ajuda e suporte em seus relacionamentos?

- **Identificação de Redes de Apoio:** Identifique as pessoas em sua vida que você considera parte de sua rede de apoio, como familiares, amigos, colegas ou membros da comunidade. Liste essas pessoas e considere como você pode recorrer a elas em momentos de necessidade.

- **Prática da Comunicação Aberta e Empática:** Pratique a comunicação aberta e empática ao expressar suas necessidades e solicitar apoio das pessoas ao seu redor. Isso pode envolver compartilhar seus sentimentos, preocupações e desafios de forma honesta e respeitosa.

- **Estabelecimento de Vínculos Fortes:** Cultive relacionamentos saudáveis e significativos com as pessoas de sua rede de apoio, investindo tempo e energia em construir vínculos fortes e confiáveis. Isso pode incluir a realização de atividades juntos, compartilhamento de experiências e apoio mútuo em momentos difíceis.

- **Oferecimento de Ajuda e Suporte:** Esteja aberto e disposto a oferecer ajuda e suporte às pessoas de sua rede quando elas precisarem. Reconheça que a interdependência funciona nos dois sentidos e que você também pode desempenhar um papel importante na vida dos outros.

- **Expressão de Gratidão:** Demonstre gratidão pelas pessoas que fazem parte de sua rede de apoio, reconhecendo o valor e a importância de sua presença em sua vida. Isso pode ser feito por meio de palavras de apreço, gestos de gentileza ou simplesmente expressando sua gratidão de forma sincera.

Este exercício prático visa ajudá-lo a reconhecer e valorizar a interconexão humana, buscando apoio e colaboração dentro dos sistemas familiares e sociais.

Ao cultivar relacionamentos saudáveis e significativos, você pode fortalecer sua rede de apoio e encontrar suporte emocional e prático nos momentos de necessidade.

- **Quinta Ordem da Ajuda: Ela vem unir o que está separado**

Essa lei destaca o potencial da ajuda para reconciliar e unir aquilo que está dividido ou separado. Na Constelação Familiar, isso envolve facilitar a resolução de conflitos, a cura de feridas emocionais e a restauração de relacionamentos que foram prejudicados por mágoas, ressentimentos ou desentendimentos. É um convite para buscar a harmonia e a conexão dentro do sistema familiar.

EXERCÍCIO PRÁTICO PARA EXPLORAR A QUINTA ORDEM DA AJUDA

- **Identificação de Conflitos ou Separações:** Identifique situações em sua vida familiar ou em relacionamentos importantes onde haja conflitos, divisões ou separações emocionais. Pode ser uma discussão não resolvida, um afastamento emocional ou qualquer outra forma de divisão que você perceba.

- **Reflexão sobre as Causas:** Reflita sobre as causas subjacentes dessas divisões ou separações. Pergunte-se: O que contribuiu para esse conflito ou separação? Existem mágoas não resolvidas, ressentimentos ou mal-entendidos que precisam ser abordados?

- **Visualização da Reconciliação:** Feche os olhos e visualize um cenário onde essas divisões ou separações são resolvidas e substituídas por harmonia e conexão. Imagine cada pessoa envolvida se aproximando um do outro, expressando perdão, compreensão e amor.

- **Expressão de Sentimentos:** Expresse seus sentimentos em relação a essas divisões ou separações. Escreva uma carta (mesmo que não seja enviada) para as pessoas envolvidas, compartilhando seus sentimentos de forma aberta e honesta. Se preferir, também pode expressar seus sentimentos por meio de arte, música ou outras formas criativas.

- **Conversa Construtiva:** Se possível e apropriado, busque uma conversa construtiva com as pessoas envolvidas para discutir as questões subjacentes e encontrar um caminho para a reconciliação. Esteja aberto para ouvir suas perspectivas e expressar suas próprias necessidades de forma clara e respeitosa.

- **Prática do Perdão:** Pratique o perdão, tanto para si mesmo quanto para os outros. Reconheça que o perdão não significa necessariamente esquecer o que aconteceu, mas sim liberar o peso emocional do ressentimento e abrir espaço para a cura e a reconciliação.

- **Compromisso com a Construção de Pontes:** Comprometa-se a construir pontes em vez de muros em seus relacionamentos. Esteja disposto a fazer esforços conscientes para encontrar áreas de comum acordo, buscar soluções colaborativas e trabalhar juntos na construção de relacionamentos saudáveis e harmoniosos.

Este exercício prático visa ajudá-lo a explorar e trabalhar com a Quinta Ordem da Ajuda, que busca unir o que está separado e promover a reconciliação e a harmonia nos relacionamentos familiares. Ao se comprometer com a resolução construtiva de conflitos e divisões, você pode abrir caminho para uma maior conexão e bem-estar dentro do sistema familiar.

A aplicação dessas Leis da Ajuda na Constelação Familiar cria um ambiente terapêutico que promove o crescimento, a cura e a resolução de questões familiares, permitindo que os participantes acessem recursos internos e externos para lidar com seus desafios de maneira eficaz e compassiva.

3.2. INTRODUÇÃO ÀS ORDENS DA AJUDA

As Ordens da Ajuda são princípios fundamentais que orientam as interações humanas de forma a promover o crescimento, a cura e o equilíbrio dentro dos sistemas familiares. Desenvolvidas por Bert Hellinger, e interpretadas por mim, essas ordens oferecem uma estrutura valiosa para compreender como podemos ajudar de maneira eficaz e respeitosa, tanto dentro de nossas famílias quanto em outras áreas de nossa vida.

1. DAR APENAS O QUE TEM E TOMAR APENAS O QUE PRECISA

Essa é a primeira ordem da ajuda e destaca a importância de respeitar os limites pessoais e reconhecer a autonomia de cada indivíduo. Significa oferecer apoio e assistência dentro dos limites de nossas próprias capacidades e recursos, sem ultrapassar ou invadir os limites dos outros. Da mesma forma, implica em aceitar ajuda apenas quando necessário, sem explorar ou abusar da generosidade alheia.

2. ELA ESTÁ A SERVIÇO DA SOBREVIVÊNCIA E DO CRESCIMENTO

A segunda ordem da ajuda reconhece que o objetivo fundamental de toda ajuda é promover a sobrevivência e o crescimento dos indivíduos e sistemas. Isso significa que, ao oferecer ou receber ajuda, devemos nos concentrar em proporcionar oportunidades para o desenvolvimento e o progresso, em vez de criar dependência ou perpetuar padrões disfuncionais.

3. O AJUDANTE PRECISA SE COLOCAR COMO ADULTO

A terceira ordem da ajuda destaca a importância de assumir uma postura madura e responsável ao oferecer ajuda aos outros. Isso implica em reconhecer nossa própria capacidade e poder pessoal para fazer escolhas conscientes e agir de acordo com nossos valores e princípios. Significa também estar presente de forma íntegra e autêntica, oferecendo suporte e orientação com compaixão e discernimento.

4. A PESSOA NÃO É UM SER ISOLADO

Na quarta ordem da ajuda, reconhecemos a interconexão e interdependência de todos os seres humanos. Isso significa que, ao oferecer ou receber ajuda, devemos considerar o contexto mais amplo dos sistemas familiares e sociais nos quais estamos inseridos. Reconhecer nossa conexão uns com os outros nos permite buscar apoio e colaboração de forma mais eficaz e construtiva.

5. ELA VEM UNIR O QUE ESTÁ SEPARADO

A quinta ordem da ajuda enfatiza o poder da ajuda para reconciliar e unir aquilo que está dividido ou separado. Isso significa que, ao oferecer ou receber ajuda, buscamos promover a harmonia e a integração dentro dos sistemas familiares e sociais, superando divisões e conflitos para criar conexões mais profundas e significativas.

Essas Ordens da Ajuda oferecem um guia valioso para compreender e praticar a arte da ajuda de maneira consciente, compassiva e eficaz. Ao integrar esses princípios em nossas interações diárias, podemos cultivar relacionamentos mais saudáveis, promover o crescimento e a cura em nossas famílias e comunidades, e contribuir para um mundo mais compassivo e solidário.

3.3. PRIMEIRA ORDEM DA AJUDA: DAR APENAS O QUE TEM E TOMAR APENAS O QUE PRECISA

Esta ordem fundamental da ajuda destaca a importância de respeitar os próprios limites e os limites dos outros ao oferecer e receber assistência.

Aqui estão alguns aspectos importantes desta ordem:

- **Respeitar os próprios limites:** Isso significa reconhecer e aceitar nossas próprias capacidades, recursos e necessidades. Ao oferecer ajuda, devemos estar conscientes de nossos próprios limites físicos, emocionais, mentais e materiais. Devemos garantir que estamos dando apenas o que podemos oferecer de forma sustentável, sem prejudicar nossa própria saúde e bem-estar.

- **Evitar a sobrecarga:** Ao reconhecer nossos próprios limites, podemos evitar a sobrecarga emocional e o esgotamento que ocorrem quando nos comprometemos além de nossas capacidades. É importante lembrar que não podemos ajudar eficazmente os outros se estivermos exauridos ou sobrecarregados. Portanto, devemos aprender a dizer não quando necessário e buscar apoio e assistência quando nos sentirmos sobrecarregados.

- **Respeitar os limites dos outros:** Assim como respeitamos nossos próprios limites, também devemos respeitar os limites dos outros ao oferecer ajuda. Isso significa não invadir ou ultrapassar os limites pessoais dos outros sem o consentimento deles. Devemos estar atentos aos sinais de desconforto ou resistência e respeitar a autonomia e a agência dos outros em relação à sua própria vida e escolhas.

- **Promover a autonomia e a independência:** Ao praticar a primeira ordem da ajuda, promovemos a autonomia e a independência das pessoas, permitindo que assumam responsabilidade por suas próprias vidas e decisões. Isso cria um ambiente de respeito mútuo e empoderamento, onde as pessoas se sentem valorizadas e capazes de contribuir de maneira significativa para o seu próprio crescimento e desenvolvimento.

Ao integrar a primeira ordem da ajuda em nossas interações diárias, cultivamos relacionamentos mais saudáveis e equilibrados, com base no respeito mútuo, na autonomia e na colaboração. Esta é uma base fundamental para a prática da Constelação Familiar e para promover o bem-estar e a harmonia dentro dos sistemas familiares e sociais.

3.4. SEGUNDA ORDEM DA AJUDA: ELA ESTÁ A SERVIÇO DA SOBREVIVÊNCIA E DO CRESCIMENTO

Esta segunda ordem da ajuda destaca a importância de garantir que toda ajuda oferecida esteja alinhada com o objetivo fundamental de promover a sobrevivência e o crescimento dos indivíduos e dos sistemas familiares.

Aqui estão alguns aspectos importantes desta ordem:

- **Promover a sobrevivência:** A ajuda deve ser oferecida de maneira a garantir as necessidades básicas de sobrevivência das pessoas, como alimentação, abrigo, segurança e saúde. Isso pode envolver fornecer suporte material, emocional ou prático para ajudar as pessoas a enfrentar desafios e adversidades e a superar dificuldades que possam ameaçar sua sobrevivência física, emocional ou psicológica.

- **Facilitar o crescimento:** Além de promover a sobrevivência, a ajuda também deve ser direcionada para facilitar o crescimento e o desenvolvimento das pessoas. Isso pode envolver fornecer oportunidades para aprendizado, expansão de habilidades, desenvolvimento pessoal e profissional, e apoio emocional para ajudar as pessoas a alcançarem seu potencial máximo e a se tornarem versões mais plenas e autênticas de si mesmas.

- **Empoderar e fortalecer:** Ao praticar a segunda ordem da ajuda, buscamos empoderar e fortalecer as pessoas, capacitando-as a tomar controle de suas vidas e a enfrentar desafios com resiliência e determinação. Isso envolve fornecer suporte e orientação, sem criar dependência ou paternalismo, e encorajar as pessoas a assumirem responsabilidade por suas próprias escolhas e ações.

- **Fomentar a autonomia:** A segunda ordem da ajuda valoriza a autonomia e a autossuficiência das pessoas, incentivando-as a buscar soluções para seus próprios problemas e a fazer escolhas que estejam alinhadas com seus valores e objetivos. Isso cria um ambiente de respeito mútuo e colaboração, onde as pessoas se sentem capacitadas e capacitadas a enfrentar os desafios da vida com confiança e determinação.

Ao integrar a segunda ordem da ajuda em nossas interações e práticas terapêuticas, promovemos um ambiente de apoio e crescimento que permite às pessoas superar obstáculos e desafios e alcançar seu pleno potencial. Isso cria uma base sólida para o desenvolvimento pessoal e a cura dentro dos sistemas familiares e sociais.

3.5. TERCEIRA ORDEM DA AJUDA: O AJUDANTE PRECISA SE COLOCAR COMO ADULTO

Esta terceira ordem da ajuda destaca a importância de assumir uma postura madura, responsável e compassiva ao oferecer assistência aos outros.

Aqui estão alguns aspectos importantes desta ordem:

- **Maturidade emocional:** Ao praticar a terceira ordem da ajuda, o ajudante reconhece a importância de desenvolver maturidade emocional e psicológica para lidar com as complexidades das experiências humanas. Isso envolve cultivar a capacidade de se relacionar com os outros de maneira empática, respeitosa e não julgadora, mesmo diante de desafios e conflitos.

- **Responsabilidade pessoal:** O ajudante assume responsabilidade pessoal por suas próprias ações, escolhas e decisões, reconhecendo que é o único responsável por seu próprio bem-estar e crescimento. Isso significa não projetar suas próprias questões ou expectativas nos outros e estar disposto a enfrentar os desafios e dificuldades que surgem no processo de ajudar os outros.

- **Autenticidade e integridade:** O ajudante se esforça para ser autêntico e íntegro em suas interações com os outros, comunicando-se de maneira clara, honesta e congruente com seus valores e princípios. Isso cria um ambiente de confiança e segurança onde as pessoas se sentem livres para expressar suas necessidades e vulnerabilidades sem medo de julgamento ou rejeição.

- **Empatia e compaixão:** O ajudante pratica a empatia e a compaixão ao se colocar no lugar dos outros e buscar compreender suas experiências, sentimentos e necessidades. Isso envolve ouvir atentamente, validar os sentimentos dos outros e oferecer suporte emocional de maneira sensível e compassiva.

- **Estabelecimento de limites saudáveis:** O ajudante estabelece limites saudáveis em suas interações com os outros, protegendo sua própria integridade emocional e psicológica e garantindo que sua ajuda seja oferecida de maneira sustentável e equilibrada. Isso envolve dizer não quando necessário, respeitando os próprios limites e necessidades, e buscando apoio e assistência quando necessário.

Ao integrar a terceira ordem da ajuda em suas práticas terapêuticas e interações diárias, os ajudantes promovem um ambiente de apoio, crescimento e cura, onde as pessoas se sentem valorizadas, respeitadas e capacitadas a enfrentar os desafios da vida com confiança e determinação. Isso cria uma base sólida para o desenvolvimento pessoal e a transformação dentro dos sistemas familiares e sociais.

3.6. QUARTA ORDEM DA AJUDA - A PESSOA NÃO É UM SER ISOLADO

Esta quarta ordem da ajuda destaca a importância de reconhecer a interconexão e interdependência de todos os seres humanos dentro dos sistemas familiares e sociais.

Aqui estão alguns aspectos importantes desta ordem:

- **Interconexão e interdependência:** Ao praticar a quarta ordem da ajuda, reconhecemos que todos os indivíduos estão interligados em uma teia complexa de relacionamentos e conexões. Nenhum de nós existe isoladamente; somos todos parte de sistemas familiares, comunidades e sociedades maiores, onde nossas ações e escolhas têm impacto não apenas em nós mesmos, mas também nos outros ao nosso redor.

- **Reconhecimento da influência mútua:** A quarta ordem da ajuda nos lembra que nossas vidas estão intrinsecamente entrelaçadas com as vidas dos outros, e que nossas escolhas e ações podem ter efeitos significativos nas vidas das pessoas ao nosso redor. Isso nos incentiva a agir de maneira responsável e compassiva, considerando o impacto de nossas decisões não apenas em nós mesmos, mas também nos outros.

- **Promoção do apoio mútuo:** Ao reconhecer nossa interdependência, buscamos promover o apoio mútuo e a colaboração dentro dos sistemas familiares e sociais. Isso envolve oferecer ajuda e assistência aos outros quando necessário, e também estar aberto para receber ajuda e apoio quando precisamos. Ao trabalharmos juntos em prol do bem-estar comum, fortalecemos os laços de solidariedade e compaixão que nos conectam como seres humanos.

- **Cultivo de relacionamentos saudáveis:** A quarta ordem da ajuda nos leva a cultivar relacionamentos saudáveis e harmoniosos com os outros, baseados no respeito mútuo, na confiança e na cooperação. Isso cria um ambiente de apoio e segurança onde as pessoas se sentem valorizadas e aceitas como são, e onde podem se desenvolver plenamente como indivíduos dentro de uma comunidade maior.

Ao integrar a quarta ordem da ajuda em nossas interações e práticas terapêuticas, promovemos um ambiente de respeito mútuo, apoio e colaboração, onde as pessoas se sentem valorizadas e capacitadas a enfrentar os desafios da vida com confiança e determinação. Isso cria uma base sólida para o desenvolvimento pessoal e a cura dentro dos sistemas familiares e sociais.

3.7. QUINTA ORDEM DA AJUDA - ELA VEM UNIR O QUE ESTÁ SEPARADO

Essa quinta ordem da ajuda enfatiza a importância de buscar a reconciliação e a harmonia dentro dos sistemas familiares e sociais, promovendo a união e a integração daquilo que está dividido ou em conflito.

Aqui estão alguns aspectos importantes desta ordem:

- **Reconciliação de polaridades:** A quinta ordem da ajuda nos leva a reconhecer e abraçar as polaridades e dualidades que existem dentro de nós e nos relacionamentos. Em vez de nos deixarmos levar pelo conflito e pela divisão, buscamos encontrar um equilíbrio entre opostos e integrar essas polaridades de maneira harmoniosa e construtiva.

- **Resolução de conflitos:** Ao praticar a quinta ordem da ajuda, buscamos resolver conflitos e divisões dentro dos sistemas familiares e sociais, promovendo o perdão, a compreensão e a aceitação mútua. Isso envolve deixar de lado ressentimentos passados, mágoas e culpas, e buscar um caminho para a reconciliação e a paz.

- **Promoção da unidade e da cooperação:** A quinta ordem da ajuda nos incentiva a promover a unidade e a cooperação dentro dos sistemas familiares e sociais, criando um ambiente de colaboração e solidariedade onde as pessoas se apoiam mutuamente em busca de objetivos comuns. Isso fortalece os laços de comunidade e cria um senso de pertencimento e conexão entre todos os membros do sistema.

- **Cura de feridas emocionais:** Ao buscar unir o que está separado, trabalhamos para curar as feridas emocionais e os traumas que podem ter causado divisão e separação dentro dos sistemas familiares e sociais. Isso envolve oferecer apoio e assistência às pessoas que estão sofrendo, ajudando-as a superar seus desafios e a encontrar um caminho para a cura e a renovação.

- **Criação de um futuro compartilhado:** A quinta ordem da ajuda nos convida a criar um futuro compartilhado e coletivo, onde todos os membros do sistema possam prosperar e se desenvolver plenamente. Isso requer um compromisso comum com a construção de relacionamentos saudáveis, uma cultura de respeito mútuo e um ambiente de apoio e colaboração contínua.

Ao integrar a quinta ordem da ajuda em nossas interações e práticas terapêuticas, promovemos um ambiente de reconciliação, união e integração, onde as pessoas se sentem valorizadas, aceitas e unidas em busca de um futuro melhor e mais harmonioso. Isso cria uma base sólida para o desenvolvimento pessoal e a cura dentro dos sistemas familiares e sociais.

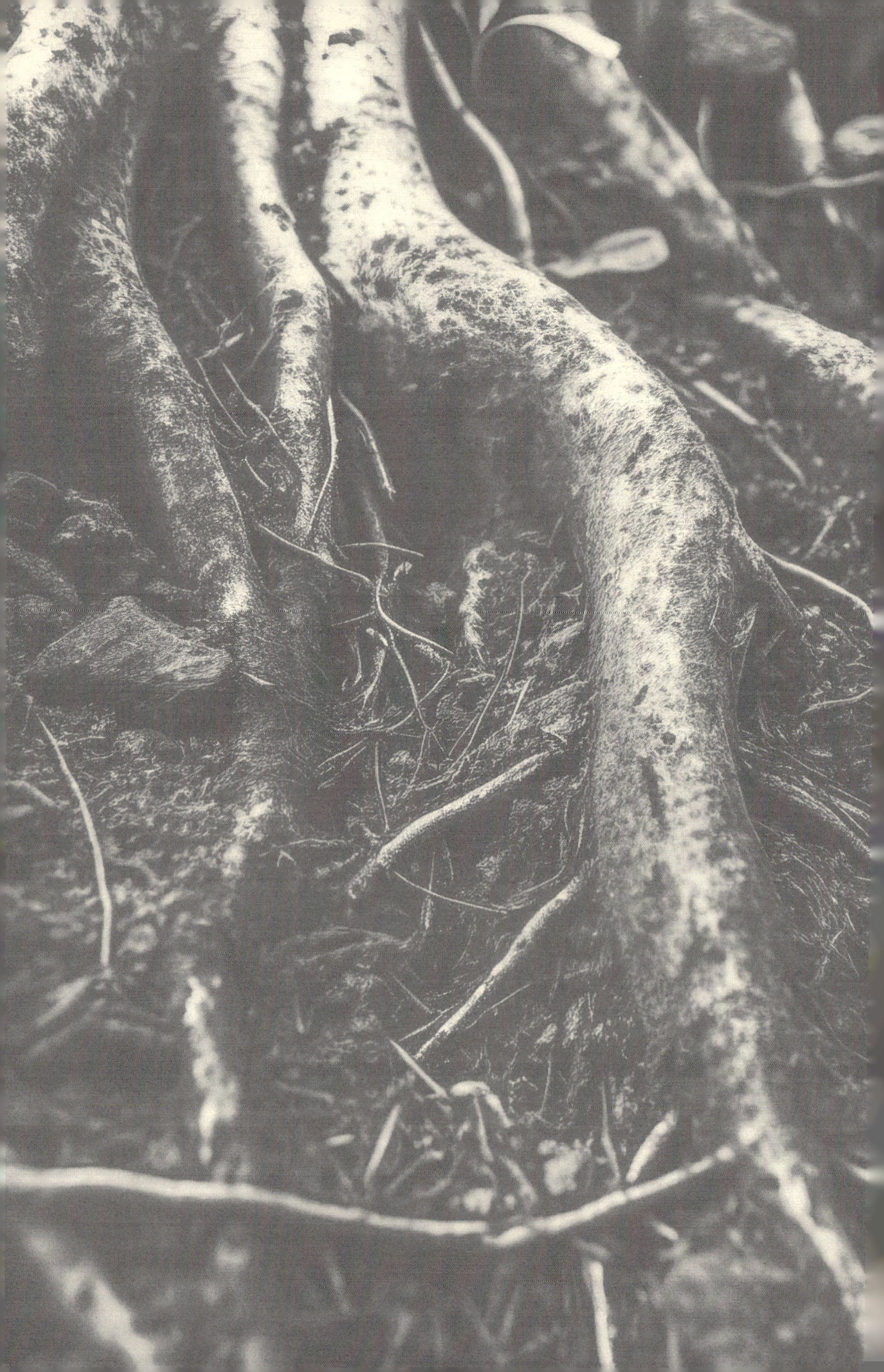

LEIS DO SUCESSO DE BERT HELLINGER

4.1. ANÁLISE DAS LEIS DO SUCESSO E SUA INFLUÊNCIA NAS DINÂMICAS FAMILIARES

As Leis do Sucesso, como concebidas por Bert Hellinger, interpretadas por mim, e aplicadas na Constelação Familiar, oferecem uma perspectiva única sobre como os padrões de sucesso e prosperidade são transmitidos e influenciam as dinâmicas familiares.

Aqui estão alguns aspectos importantes a serem considerados:

- **Visão sistêmica do sucesso:** A abordagem sistêmica da Constelação Familiar reconhece que o sucesso não é apenas uma conquista individual, mas também está intrinsecamente ligado ao contexto familiar e social em que uma pessoa está inserida. Isso significa que os padrões de sucesso de uma família podem afetar significativamente as oportunidades e os desafios enfrentados por seus membros.

- **Herança familiar de sucesso:** Assim como outros aspectos da vida familiar, os padrões de sucesso são frequentemente transmitidos de uma geração para outra dentro das dinâmicas familiares. Isso pode incluir crenças, valores e comportamentos relacionados ao trabalho, realização pessoal, prosperidade financeira e status social, que são internalizados pelos membros da família e influenciam suas próprias experiências de sucesso.

- **Crenças limitantes e potencial não realizado:** No entanto, nem todos os padrões de sucesso dentro de uma família são positivos. Algumas famílias podem carregar crenças limitantes ou padrões disfuncionais relacionados ao sucesso, como medo do fracasso, auto-sabotagem ou uma mentalidade de escassez, que podem impedir o potencial individual e familiar de ser totalmente realizado.

- **Exploração de dinâmicas ocultas:** A Constelação Familiar oferece uma oportunidade única para explorar e revelar dinâmicas familiares ocultas relacionadas ao sucesso. Por meio de constelações familiares, é possível identificar e trabalhar com padrões inconscientes de sucesso que podem estar afetando negativamente a vida de um indivíduo ou de toda a família, permitindo que novas perspectivas e possibilidades sejam consideradas.

- **Transformação e cura:** Ao trazer à luz as dinâmicas ocultas relacionadas ao sucesso, a Constelação Familiar oferece a oportunidade de transformar padrões disfuncionais e promover a cura dentro da família. Isso pode envolver o reconhecimento e a reconciliação com experiências passadas, a liberação de cargas emocionais negativas e a adoção de novas crenças e comportamentos mais alinhados com o sucesso e o bem-estar.

Em suma, a análise das Leis do Sucesso na Constelação Familiar destaca a importância de reconhecer e trabalhar com os padrões familiares relacionados ao sucesso para promover o crescimento pessoal e o florescimento familiar. Ao compreender as influências sistêmicas por trás das dinâmicas de sucesso, é possível criar mudanças positivas e duradouras que beneficiam não apenas os indivíduos, mas toda a família como um todo.

4.1. AS LEIS DO SUCESSO E SUA RELAÇÃO COM AS CRENÇAS SOBRE O DINHEIRO

As Leis do Sucesso, conforme compreendidas na Constelação Familiar, oferecem uma lente por meio da qual podemos examinar como as crenças sobre o dinheiro são transmitidas e influenciam as dinâmicas familiares.

Aqui estão alguns aspectos importantes a serem considerados:

- **Crenças familiares sobre o dinheiro:** Assim como outros aspectos da vida familiar, as crenças sobre o dinheiro são frequentemente transmitidas de uma geração para outra dentro das dinâmicas familiares. Isso pode incluir crenças sobre a natureza do dinheiro, sua importância, como ele deve ser ganho e gasto, e seu significado emocional e simbólico.

- **Influência das experiências passadas:** As crenças sobre o dinheiro muitas vezes são moldadas por experiências passadas, tanto pessoais quanto familiares. Traumas financeiros, dificuldades econômicas e padrões de sucesso ou fracasso podem deixar uma marca duradoura nas crenças e comportamentos relacionados ao dinheiro de uma família.

- **Mentalidade de escassez vs. mentalidade de abundância:** Uma das distinções mais importantes nas crenças sobre o dinheiro é entre uma mentalidade de escassez e uma mentalidade de abundância. Famílias que operam a partir de uma mentalidade de escassez podem ter crenças limitantes sobre a disponibilidade e a capacidade de ganhar dinheiro, enquanto famílias que operam a partir de uma mentalidade de abundância tendem a ter uma visão mais positiva e expansiva sobre o dinheiro e suas possibilidades.

- **Conexão entre dinheiro e sucesso:** Em muitas famílias, o dinheiro é visto como um indicador de sucesso e status social. Isso pode levar a uma pressão significativa para alcançar sucesso financeiro e acumular riqueza como uma medida de autoestima e valor pessoal. Essa conexão entre dinheiro e sucesso pode influenciar profundamente as escolhas de carreira, os objetivos de vida e as prioridades financeiras de cada indivíduo dentro da família.

- **Impacto nas relações familiares:** As crenças sobre o dinheiro também podem ter um impacto significativo nas relações familiares, especialmente em questões como poder, controle e independência financeira. Disputas sobre dinheiro, segredos financeiros e desigualdades econômicas podem criar tensões e conflitos dentro da família, afetando a dinâmica familiar como um todo.

Ao explorar as Leis do Sucesso e sua relação com as crenças sobre o dinheiro na Constelação Familiar, podemos trazer à luz padrões inconscientes e dinâmicas familiares ocultas que podem estar afetando a saúde financeira e emocional de uma família. Isso cria a oportunidade de reconhecer, desafiar e transformar crenças limitantes e promover uma relação mais saudável e equilibrada com o dinheiro dentro da família.

4.1.1. Origens e Significados do Dinheiro

Vamos explorar em detalhes as origens e significados do dinheiro:

- **Origens históricas:** O dinheiro, em sua forma mais básica, é um meio de troca aceito dentro de uma comunidade para facilitar transações comerciais. Historicamente, o dinheiro tem suas raízes em diversas formas, desde o escambo de mercadorias até a utilização de moedas metálicas e, posteriormente, a introdução de moedas de papel e sistemas financeiros mais complexos. A evolução do dinheiro está intimamente ligada ao desenvolvimento econômico, social e político das civilizações ao longo da história.

- **Funções do dinheiro:** Além de ser um meio de troca, o dinheiro também desempenha outras funções importantes em uma sociedade moderna. Ele serve como uma unidade de conta, permitindo a mensuração e o registro de valor econômico. Além disso, o dinheiro funciona como uma reserva de valor, permitindo que as pessoas acumulem riqueza ao longo do tempo e a utilizem quando necessário. Essas funções fundamentais do dinheiro são essenciais para o funcionamento eficiente de uma economia.

- **Significados simbólicos:** Além de seu valor econômico e funcional, o dinheiro também carrega significados simbólicos e emocionais profundos para as pessoas. Para muitos, o dinheiro está associado a conceitos como segurança, poder, liberdade e status social. Ele pode representar independência financeira, sucesso pessoal e realização de sonhos. Por outro lado, o dinheiro também pode evocar emoções negativas, como ansiedade, medo e ganância, especialmente quando sua falta é percebida como uma ameaça à segurança e ao bem-estar pessoal.

- **Crenças e valores culturais:** As atitudes em relação ao dinheiro são moldadas por crenças e valores culturais que variam significativamente de uma sociedade para outra. Em algumas culturas, o dinheiro é visto como um meio de alcançar felicidade e sucesso, enquanto em outras, pode ser considerado como algo menos importante em comparação com valores como família, comunidade e espiritualidade. Essas diferenças culturais influenciam como o dinheiro é percebido, utilizado e valorizado em diferentes contextos sociais e individuais.

- **Dinheiro e identidade pessoal:** Para muitas pessoas, o dinheiro desempenha um papel central na construção de sua identidade pessoal e autoestima. A quantidade de dinheiro que uma pessoa possui pode influenciar sua autoimagem, autoconfiança e senso de valor próprio. Isso pode levar a uma busca constante por mais dinheiro como uma forma de validar ou reforçar sua identidade e status social.

- **Aspectos éticos e morais:** O dinheiro também levanta questões éticas e morais importantes sobre como ele é ganho, gasto e distribuído dentro de uma sociedade. O enriquecimento injusto, a desigualdade econômica e a corrupção são questões que desafiam as normas sociais e levantam preocupações sobre justiça e equidade na distribuição de recursos financeiros.

Ao considerar as origens e significados do dinheiro, é importante reconhecer sua complexidade e multifuncionalidade, bem como as implicações sociais, emocionais e éticas associadas ao seu uso e valorização dentro das dinâmicas familiares e sociais. Isso nos ajuda a entender melhor as atitudes e comportamentos das pessoas em relação ao dinheiro e a promover uma relação mais saudável e equilibrada com ele em nossas vidas.

4.1.2. Visão Sistêmica sobre o Dinheiro

A visão sistêmica sobre o dinheiro é uma abordagem que reconhece a interconexão entre o dinheiro e os sistemas sociais, familiares e individuais em que ele está inserido.

Aqui estão alguns detalhes sobre a visão sistêmica sobre o dinheiro:

- **Interconexão com outros sistemas:** Na visão sistêmica, o dinheiro não é considerado isoladamente, mas sim como parte de um sistema maior que inclui relacionamentos familiares, sociais, econômicos e culturais. Isso significa que as questões relacionadas ao dinheiro são vistas como influenciadas por fatores contextuais e dinâmicas inter-relacionadas que afetam todos os aspectos da vida de uma pessoa.

- **Padrões sistêmicos de dinheiro:** A visão sistêmica reconhece a existência de padrões sistêmicos relacionados ao dinheiro que podem se repetir ao longo das gerações dentro de uma família. Esses padrões podem incluir comportamentos de gasto, crenças sobre dinheiro, estratégias de investimento e atitudes em relação à prosperidade e ao sucesso financeiro. Ao explorar esses padrões, é possível identificar influências inconscientes que afetam as decisões financeiras e o bem-estar econômico de uma família.

- **Dinâmicas de poder e controle:** A visão sistêmica também considera as dinâmicas de poder e controle que estão em jogo quando se trata de dinheiro dentro de uma família. Questões como quem controla os recursos financeiros, quem toma as decisões sobre o dinheiro e como ele é distribuído entre os membros da família podem refletir padrões de relacionamento mais amplos e desequilíbrios de poder que influenciam a dinâmica familiar como um todo.

- **Impacto das relações familiares:** As relações familiares desempenham um papel fundamental na forma como o dinheiro é percebido, valorizado e utilizado dentro de uma família. A visão sistêmica reconhece que as atitudes em relação ao dinheiro são moldadas por experiências familiares passadas, padrões de relacionamento e dinâmicas de comunicação que afetam a maneira como os membros da família interagem em torno de questões financeiras.

- **Equilíbrio e harmonia:** Um dos objetivos da abordagem sistêmica em relação ao dinheiro é promover o equilíbrio e a harmonia nas relações familiares em torno do dinheiro. Isso pode envolver reconhecer e desafiar padrões disfuncionais, promover uma distribuição justa de recursos financeiros e cultivar uma cultura de transparência, confiança e cooperação em torno de questões financeiras dentro da família.

- **Cura e transformação:** Ao trazer uma visão sistêmica para as questões relacionadas ao dinheiro, é possível promover a cura e a transformação dentro da família. Isso envolve reconhecer e trabalhar com padrões inconscientes, promover uma maior conscientização sobre as dinâmicas de dinheiro e criar espaço para discussões abertas e construtivas sobre questões financeiras dentro da família.

Em resumo, a visão sistêmica sobre o dinheiro nos convida a considerar o dinheiro dentro do contexto mais amplo das relações familiares e sociais, reconhecendo as interconexões e dinâmicas complexas que influenciam nossas atitudes, comportamentos e experiências em relação ao dinheiro. Ao adotar essa abordagem, podemos promover uma relação mais saudável, equilibrada e significativa com o dinheiro em nossas vidas e em nossas famílias.

4.2. OS 10 MANDAMENTOS DO SUCESSO NA VISÃO SISTÊMICA

Os "10 Mandamentos do Sucesso na Visão Sistêmica" representam diretrizes fundamentais para uma abordagem saudável e equilibrada em relação ao sucesso, tanto nas esferas pessoal quanto profissional.

Aqui estão mais detalhes sobre cada um desses mandamentos:

- **Ofereça algo que sirva aos outros:** Este mandamento enfatiza a importância de contribuir positivamente para o mundo ao nosso redor. Ele destaca que o sucesso verdadeiro vem da capacidade de satisfazer as necessidades e desejos dos outros, seja por meio de produtos, serviços ou apoio emocional.

- **Recrute, treine e instrua ajudantes:** O sucesso não é uma jornada solitária. Este mandamento enfatiza a importância de cultivar relacionamentos sólidos e colaborativos com aqueles que nos apoiam em nossa jornada. Isso inclui recrutar, treinar e instruir pessoas que possam nos ajudar a alcançar nossos objetivos.

- **Liderar, nem que seja pela ideia:** Liderança é fundamental para o sucesso em qualquer empreendimento. Este mandamento destaca que mesmo aqueles que não ocupam formalmente uma posição de liderança podem influenciar os outros por meio de suas ideias, ações e exemplos.

- **Olhe para a concorrência:** Conhecer e entender a concorrência é essencial para o sucesso nos negócios e na vida. Este mandamento incentiva a avaliação crítica do ambiente competitivo e a busca por oportunidades de melhorar e se destacar.

- **Proteja suas conquistas:** O sucesso muitas vezes atrai a atenção e o interesse dos outros. Este mandamento destaca a importância de proteger nossas conquistas, ideias e propriedades contra influências negativas ou exploração por parte de terceiros.

- **Reconheça que faz parte de algo maior:** Nenhum sucesso é alcançado sozinho. Este mandamento destaca a importância de reconhecer que somos parte de sistemas mais amplos, como famílias, comunidades e sociedades, e que nossas ações têm impacto além de nós mesmos.

- **Celebre suas conquistas:** É importante celebrar e reconhecer nossas conquistas ao longo do caminho. Este mandamento destaca a importância de se alegrar com o progresso e os marcos alcançados, incentivando uma atitude positiva em relação ao sucesso.

- **Esteja aberto para ajudar e ser ajudado:** O sucesso não deve ser uma jornada egoísta. Este mandamento enfatiza a importância de cultivar relacionamentos de apoio mútuo, onde ajudamos os outros e somos ajudados em retorno, criando uma rede de solidariedade e suporte.

- **Prepare-se para passar adiante seu legado:** O sucesso é mais do que apenas alcançar metas pessoais; também envolve deixar um legado duradouro para as gerações futuras. Este mandamento destaca a importância de preparar e capacitar aqueles que virão depois de nós para continuarem nosso trabalho e realizarem seu próprio sucesso.

- **Esteja aberto a novos caminhos e possibilidades:** Por fim, o sucesso requer flexibilidade e abertura para novas ideias e oportunidades. Este mandamento incentiva a explorar novos horizontes, experimentar novas abordagens e estar disposto a adaptar-se às mudanças em constante evolução do mundo ao nosso redor.

Esses "10 Mandamentos do Sucesso na Visão Sistêmica" representam um guia valioso para aqueles que buscam alcançar o sucesso de maneira significativa e sustentável em suas vidas pessoais, profissionais e relacionais. Ao incorporar esses princípios em suas vidas, os indivíduos podem cultivar uma abordagem mais consciente, compassiva e eficaz em direção ao sucesso e ao bem-estar geral.

4.2.1. Oferecer algo que serve para os outros

Oferecer algo que serve para os outros é um princípio fundamental para o sucesso na visão sistêmica.

Aqui estão mais detalhes sobre essa ideia:

- **Serviço e valor:** Oferecer algo que serve para os outros envolve a criação e entrega de valor. Isso pode ser na forma de produtos, serviços, conhecimento, apoio emocional ou qualquer outra coisa que atenda às necessidades, desejos ou aspirações das pessoas.

- **Identificação das necessidades:** Para oferecer algo que sirva para os outros, é essencial entender suas necessidades e desafios. Isso requer empatia, escuta ativa e uma compreensão profunda das preocupações e aspirações das pessoas que você deseja ajudar.

- **Soluções inovadoras:** Oferecer algo que sirva para os outros muitas vezes envolve a criação de soluções inovadoras e criativas para problemas ou necessidades existentes. Isso pode envolver pensar fora da caixa, experimentar novas abordagens e estar aberto a novas ideias e perspectivas.

- **Benefícios mútuos:** O sucesso ao oferecer algo que serve para os outros não é apenas sobre ajudar os outros, mas também sobre criar valor para si mesmo. Isso pode ser na forma de reconhecimento, gratidão, crescimento pessoal, satisfação profissional ou retorno financeiro.

- **Construção de relacionamentos:** Oferecer algo que sirva para os outros é fundamental para construir relacionamentos sólidos e duradouros. Isso envolve construir confiança, demonstrar compromisso e ser uma fonte confiável de suporte e assistência para os outros.

- **Impacto positivo:** Ao oferecer algo que sirva para os outros, você pode ter um impacto positivo significativo em suas vidas e na comunidade em geral. Isso pode levar a uma maior realização pessoal, conexão social e contribuição para o bem comum.

- **Abordagem centrada no cliente:** Uma abordagem centrada no cliente é essencial ao oferecer algo que sirva para os outros. Isso significa colocar as necessidades e interesses dos clientes em primeiro lugar e adaptar suas ofertas para atender às suas expectativas e preferências.

- **Valor sustentável:** Oferecer algo que sirva para os outros envolve criar valor sustentável a longo prazo. Isso requer um compromisso contínuo com a qualidade, inovação e melhoria contínua para garantir que suas ofertas permaneçam relevantes e valiosas ao longo do tempo.

Em resumo, oferecer algo que serve para os outros é essencial para o sucesso na visão sistêmica, pois promove relacionamentos positivos, cria valor significativo e contribui para o bem-estar geral das pessoas e da comunidade. Ao adotar essa abordagem, os indivíduos podem não apenas alcançar o sucesso pessoal e profissional, mas também fazer uma diferença positiva no mundo ao seu redor.

4.2.2. Recrutar, treinar e instruir ajudantes

Recrutar, treinar e instruir ajudantes é outro princípio importante para o sucesso na visão sistêmica.

Aqui estão mais detalhes sobre esse mandamento:

- **Identificação de talentos:** Recrutar ajudantes envolve identificar pessoas que tenham habilidades, conhecimentos e qualidades que complementem as suas. Isso pode incluir colegas de trabalho, mentores, parceiros de negócios, amigos ou membros da família que possam oferecer suporte e assistência em áreas específicas.

- **Desenvolvimento de habilidades:** Treinar ajudantes requer o desenvolvimento de habilidades e competências necessárias para desempenhar suas funções de forma eficaz. Isso pode envolver programas de treinamento formais, mentoring, coaching ou aprendizado prático no trabalho.

- **Compartilhamento de conhecimento:** Instruir ajudantes envolve compartilhar conhecimento, experiência e *insight*s para capacitar e capacitar os outros a terem sucesso em suas próprias jornadas. Isso pode incluir a transmissão de informações técnicas, melhores práticas, lições aprendidas e orientações sobre como superar desafios específicos.

- **Criação de uma cultura de aprendizado:** Recrutar, treinar e instruir ajudantes requer a criação de uma cultura de aprendizado contínuo e desenvolvimento pessoal. Isso pode envolver incentivar a curiosidade, experimentação, feedback construtivo e a busca pela excelência em todas as áreas da vida e do trabalho.

- **Fomento de parcerias colaborativas:** Recrutar, treinar e instruir ajudantes também envolve cultivar parcerias colaborativas e relacionamentos de confiança baseados no respeito mútuo, apoio mútuo e interesse genuíno no sucesso dos outros. Isso pode envolver a formação de equipes eficazes, redes de apoio profissional ou grupos de mastermind onde os membros se ajudam e se incentivam mutuamente.

- **Reconhecimento e valorização:** Reconhecer e valorizar os ajudantes pelo seu trabalho e contribuições é fundamental para manter sua motivação e engajamento ao longo do tempo. Isso pode incluir expressões de gratidão, reconhecimento público, oportunidades de desenvolvimento profissional e recompensas tangíveis ou intangíveis que demonstrem apreço pelo seu trabalho.

- **Cultivo de líderes:** Recrutar, treinar e instruir ajudantes também envolve o cultivo de líderes que possam assumir papéis de liderança e responsabilidade em suas próprias áreas de atuação. Isso pode envolver identificar e desenvolver o potencial de liderança em outras pessoas, capacitando-as a liderar com eficácia e influenciar positivamente os outros ao seu redor.

Em resumo, recrutar, treinar e instruir ajudantes é essencial para o sucesso na visão sistêmica, pois permite que os indivíduos construam relacionamentos sólidos, compartilhem conhecimento e experiência e capacitam outros a alcançarem seu pleno potencial. Ao adotar essa abordagem, os indivíduos podem criar uma rede de apoio e colaboração que os ajuda a alcançar seus objetivos de forma mais eficaz e significativa.

4.2.3. Liderança e iniciativa

Liderança e iniciativa são aspectos cruciais para o sucesso na visão sistêmica.

Aqui estão mais detalhes sobre esses conceitos:

- **Liderança centrada em valores:** A liderança na visão sistêmica é fundamentada em valores como integridade, respeito, empatia e colaboração. Os líderes eficazes são aqueles que demonstram esses valores em suas ações e comportamentos, inspirando confiança e respeito em suas equipes e comunidades.

- **Inovação e criatividade:** Líderes sistêmicos são encorajados a buscar constantemente novas maneiras de abordar desafios e oportunidades, promovendo uma cultura de inovação e criatividade. Eles incentivam a experimentação, o pensamento crítico e a resolução de problemas, buscando soluções criativas e eficazes para questões complexas.

- **Desenvolvimento de equipes:** Líderes eficazes na visão sistêmica são aqueles que investem no desenvolvimento e capacitação de suas equipes. Eles reconhecem e valorizam as habilidades únicas e os pontos fortes de cada membro da equipe, criando um ambiente de trabalho inclusivo e colaborativo onde todos se sintam valorizados e capacitados a contribuir.

- **Comunicação eficaz:** A comunicação clara e transparente é essencial para o sucesso da liderança sistêmica. Líderes habilidosos são capazes de articular visões e objetivos de maneira clara e inspiradora, garantindo que todos compreendam seu papel e contribuição para o sucesso geral da equipe ou organização.

- **Resolução de conflitos:** Líderes eficazes são capazes de lidar com conflitos de maneira construtiva e produtiva, buscando soluções que promovam o entendimento mútuo e a colaboração entre as partes envolvidas. Eles facilitam o diálogo aberto e honesto, promovendo um ambiente de trabalho harmonioso e produtivo.

- **Tomada de decisão:** Líderes sistêmicos são responsáveis por tomar decisões difíceis e orientadas para resultados, considerando o impacto de suas escolhas em todas as partes interessadas envolvidas. Eles são capazes de analisar informações complexas, avaliar diferentes opções e tomar decisões informadas que promovam o bem-estar e o sucesso geral da equipe ou organização.

- **Desenvolvimento pessoal:** Líderes eficazes estão comprometidos com seu próprio desenvolvimento pessoal e profissional contínuo. Eles buscam oportunidades de aprendizado e crescimento, buscando aprimorar suas habilidades de liderança, ampliar seus conhecimentos e fortalecer suas competências interpessoais.

- **Empoderamento e delegação:** Líderes sistêmicos são aqueles que capacitam e delegam responsabilidades, permitindo que os membros da equipe assumam papéis de liderança e responsabilidade em suas próprias áreas de atuação. Eles confiam em suas equipes para tomar decisões informadas e agir de forma autônoma, promovendo um senso de responsabilidade e propriedade compartilhada pelos resultados alcançados.

Em resumo, liderança e iniciativa são fundamentais para o sucesso na visão sistêmica, pois capacitam os indivíduos a inspirar e motivar outros, promover uma cultura de inovação e colaboração, e alcançar resultados significativos e sustentáveis em suas vidas pessoais e profissionais. Ao adotar uma abordagem centrada em valores, os líderes podem criar um ambiente de trabalho positivo e estimulante, onde todos têm a oportunidade de crescer, contribuir e alcançar seu pleno potencial.

4.2.4. Análise da concorrência

Analisar a concorrência é uma prática fundamental para o sucesso na visão sistêmica, pois fornece *insights* valiosos sobre o mercado, os concorrentes e as tendências da indústria.

Aqui estão mais detalhes sobre a análise da concorrência:

- **Identificação dos concorrentes:** O primeiro passo na análise da concorrência é identificar quem são seus concorrentes diretos e indiretos. Isso inclui empresas ou indivíduos que oferecem produtos ou serviços similares aos seus e competem pelo mesmo mercado-alvo.

- **Avaliação das forças e fraquezas:** Uma análise detalhada das forças e fraquezas dos concorrentes pode ajudá-lo a entender melhor como você se compara a eles em termos de qualidade, preço, atendimento ao cliente, marca e outros fatores relevantes. Isso pode envolver a avaliação de suas estratégias de *marketing*, portfólio de produtos, presença online, reputação no mercado e outros aspectos importantes do seu negócio.

- **Identificação de oportunidades e ameaças:** Além de avaliar as forças e fraquezas dos concorrentes, é importante identificar as oportunidades e ameaças que eles representam para o seu negócio. Isso pode incluir a análise de tendências de mercado, mudanças regulatórias, inovações tecnológicas, mudanças nas preferências do consumidor e outros fatores que possam impactar o seu desempenho no mercado.

- *Benchmarking*: uma ferramenta útil na análise da concorrência, pois permite comparar o desempenho do seu negócio com o de seus concorrentes diretos e indiretos. Isso pode ajudá-lo a identificar áreas de melhoria e oportunidades de diferenciação, bem como a entender o que os concorrentes estão fazendo de forma eficaz e como você pode aplicar essas melhores práticas ao seu próprio negócio.

- **Monitoramento contínuo:** A análise da concorrência não é um exercício único, mas sim um processo contínuo que deve ser incorporado à sua estratégia de negócios em andamento. Isso significa monitorar regularmente as atividades e o desempenho dos concorrentes, ficar atento a novas entradas no mercado, mudanças nas estratégias de *marketing* e outras tendências relevantes que possam afetar o seu negócio.

- **Adaptação e inovação:** Com base na análise da concorrência, é importante adaptar e ajustar sua estratégia de negócios conforme necessário para permanecer competitivo no mercado. Isso pode envolver a introdução de novos produtos ou serviços, ajustes nos preços, melhorias no atendimento ao cliente, investimentos em *marketing* ou outras iniciativas destinadas a fortalecer sua posição no mercado e impulsionar o crescimento do seu negócio.

Em resumo, a análise da concorrência é uma prática essencial para o sucesso na visão sistêmica, pois fornece *insight*s valiosos que podem ajudá-lo a entender melhor o seu mercado, identificar oportunidades e ameaças, e tomar decisões informadas sobre como posicionar e diferenciar o seu negócio. Ao adotar uma abordagem proativa para analisar e responder à concorrência, você pode aumentar suas chances de sucesso e prosperar em um ambiente competitivo.

4.2.5. Proteção dos recursos pessoais

Proteger os recursos pessoais é fundamental para o sucesso na visão sistêmica, pois garante que você esteja em uma posição sólida para enfrentar os desafios e aproveitar as oportunidades que surgem ao longo do caminho.

Aqui estão mais detalhes sobre esse conceito:

- **Gestão financeira adequada:** Uma das maneiras mais importantes de proteger os recursos pessoais é por meio da gestão financeira adequada. Isso envolve criar um orçamento, economizar dinheiro, investir de forma inteligente, evitar dívidas desnecessárias e estar preparado para emergências financeiras. Ao garantir que suas finanças estejam em ordem, você pode reduzir o estresse financeiro e ter mais liberdade para perseguir seus objetivos pessoais e profissionais.

- **Desenvolvimento de habilidades:** Proteger os recursos pessoais também envolve o desenvolvimento de habilidades relevantes que possam ajudá-lo a alcançar seus objetivos. Isso pode incluir habilidades técnicas específicas para sua área de atuação, habilidades interpessoais, habilidades de liderança, habilidades financeiras e outras competências que são valiosas no mercado de trabalho atual.

- **Cuidado com a saúde física e mental:** Sua saúde física e mental é um recurso valioso que deve ser protegido e valorizado. Isso significa cuidar do seu corpo por meio de uma alimentação saudável, exercícios regulares, sono adequado e cuidados preventivos de saúde. Além disso, é importante cuidar da sua saúde mental, buscando apoio quando necessário, praticando o autocuidado e desenvolvendo estratégias eficazes para lidar com o estresse e a pressão do dia a dia.

- **Equilíbrio entre trabalho e vida pessoal:** Proteger os recursos pessoais também envolve encontrar um equilíbrio saudável entre trabalho e vida pessoal. Isso significa dedicar tempo e energia não apenas ao trabalho, mas também a atividades e relacionamentos que são importantes para o seu bem-estar e felicidade geral. Ao estabelecer limites claros e priorizar suas necessidades pessoais, você pode evitar o esgotamento e manter um senso de equilíbrio e harmonia em sua vida.

- **Estabelecimento de limites saudáveis:** Proteger os recursos pessoais também envolve estabelecer limites saudáveis em suas relações pessoais e profissionais. Isso pode incluir dizer "não" quando necessário, defender seus próprios interesses e necessidades, e evitar se sobrecarregar com compromissos e responsabilidades excessivas. Ao estabelecer limites claros e respeitar seus próprios limites, você pode proteger sua energia e preservar seu bem-estar emocional.

- **Cultivo de relacionamentos positivos:** Por fim, proteger os recursos pessoais também envolve cultivar relacionamentos positivos e de apoio em sua vida. Isso inclui familiares, amigos, colegas de trabalho e outros membros da comunidade que podem oferecer suporte, encorajamento e orientação quando necessário. Ao construir e manter relacionamentos saudáveis e significativos, você pode fortalecer sua rede de apoio e enfrentar os desafios da vida com confiança e resiliência.

Em resumo, proteger os recursos pessoais é essencial para o sucesso na visão sistêmica, pois permite que você mantenha um equilíbrio saudável em sua vida, desenvolva habilidades relevantes, cuide de sua saúde física e mental, estabeleça limites saudáveis e cultive relacionamentos positivos e de apoio. Ao adotar uma abordagem proativa para proteger seus recursos pessoais, você pode aumentar suas chances de alcançar seus objetivos e viver uma vida plena e realizada.

4.2.6. Reconhecimento da interdependência

Reconhecer a interdependência é fundamental na visão sistêmica, pois nos lembra que estamos todos conectados e que nossas ações e escolhas têm impacto não apenas em nós mesmos, mas também nos outros e no mundo ao nosso redor.

Aqui estão mais detalhes sobre esse conceito:

- **Consciência das conexões:** Reconhecer a interdependência envolve ter consciência das muitas maneiras pelas quais estamos interconectados com outras pessoas, comunidades, ecossistemas e sistemas maiores. Isso inclui reconhecer que nossas ações e escolhas têm consequências que se estendem além de nós mesmos e que somos parte de uma teia complexa de relações e interações.

- **Responsabilidade compartilhada:** Reconhecer a interdependência também significa reconhecer nossa responsabilidade compartilhada pelo bem-estar dos outros e do mundo em geral. Isso envolve assumir a responsabilidade por nossas ações e escolhas, considerando o impacto que elas podem ter sobre os outros e agindo de maneira ética e compassiva em todas as nossas interações.

- **Solidariedade e apoio mútuo:** Reconhecer a interdependência nos lembra da importância da solidariedade e do apoio mútuo em nossas vidas. Isso inclui oferecer ajuda e apoio aos outros quando necessário, bem como aceitar ajuda e apoio quando precisamos. Ao reconhecer nossa interdependência, reconhecemos que todos nós precisamos uns dos outros para prosperar e alcançar nosso pleno potencial.

- **Cooperação e colaboração:** Reconhecer a interdependência também nos incentiva a buscar a cooperação e a colaboração em nossas relações e em nossos esforços para resolver problemas e alcançar objetivos comuns. Isso envolve reconhecer que podemos alcançar mais trabalhando juntos do que trabalhando sozinhos e que podemos encontrar soluções mais eficazes quando compartilhamos nossos recursos, habilidades e perspectivas.

- **Respeito pela diversidade:** Reconhecer a interdependência também envolve respeitar e valorizar a diversidade de experiências, perspectivas e identidades que existem dentro de nossas comunidades e sociedades. Isso inclui reconhecer que cada pessoa tem algo único e valioso a contribuir e que todos nós nos beneficiamos quando celebramos e respeitamos nossa diversidade.

- **Cuidado com o meio ambiente:** Reconhecer a interdependência também nos lembra da importância de cuidar do meio ambiente e dos recursos naturais que sustentam a vida na Terra. Isso envolve reconhecer que somos parte de um ecossistema interconectado e que nossas ações têm um impacto direto na saúde e na resiliência do planeta.

Em resumo, reconhecer a interdependência é essencial na visão sistêmica, pois nos lembra da nossa conexão uns com os outros e com o mundo ao nosso redor. Ao reconhecer nossa interdependência, podemos cultivar uma maior consciência, responsabilidade, solidariedade e colaboração em nossas vidas, contribuindo para um mundo mais justo, compassivo e sustentável para todos.

4.2.7. Celebração das conquistas pessoais

A celebração das conquistas pessoais é uma parte importante do processo de reconhecimento e valorização do progresso e do crescimento individual.

Aqui estão mais detalhes sobre este conceito:

- **Reconhecimento do esforço:** Celebrar as conquistas pessoais envolve reconhecer e valorizar o esforço e o trabalho árduo que foram dedicados para alcançar um objetivo. Isso inclui apreciar o tempo, a energia e os recursos investidos no processo, independentemente do tamanho da conquista.

- **Gratidão pelo progresso:** A celebração das conquistas pessoais também envolve cultivar um senso de gratidão pelo progresso alcançado ao longo do caminho. Isso inclui apreciar as lições aprendidas, os obstáculos superados e as experiências que contribuíram para o crescimento pessoal e o desenvolvimento.

- **Autoestima e confiança:** Ao celebrar as conquistas pessoais, fortalecemos nossa autoestima e confiança em nossas próprias habilidades e capacidades. Isso nos encoraja a continuar perseguindo nossos objetivos e acreditando em nosso potencial para alcançar o sucesso.

- **Motivação para o futuro:** A celebração das conquistas pessoais também serve como uma fonte de motivação e inspiração para o futuro. Ao reconhecer nossas realizações passadas, somos incentivados a definir novos objetivos e desafios para nós mesmos, impulsionando nosso crescimento contínuo e desenvolvimento pessoal.

- **Compartilhamento com os outros:** Celebrar as conquistas pessoais não precisa ser uma experiência solitária. Compartilhar nossas realizações com amigos, familiares e colegas de trabalho pode amplificar a alegria e a satisfação que sentimos, além de fortalecer nossos relacionamentos e conexões com os outros.

- **Reflexão e aprendizado:** A celebração das conquistas pessoais também nos dá a oportunidade de refletir sobre nossos sucessos e aprender com nossas experiências. Isso inclui identificar o que funcionou bem, reconhecer áreas de melhoria e aplicar essas lições aprendidas em futuros desafios e projetos.

- **Criação de momentos especiais:** Ao celebrar as conquistas pessoais, criamos momentos especiais e significativos em nossas vidas que nos proporcionam alegria, felicidade e um senso de realização. Esses momentos não apenas nos lembram do progresso que fizemos, mas também nos conectam com o presente e nos permitem desfrutar plenamente das recompensas de nosso trabalho árduo e dedicação.

Em resumo, a celebração das conquistas pessoais é uma parte essencial do processo de crescimento e desenvolvimento individual. Ao reconhecer e valorizar nossos sucessos, fortalecemos nossa autoestima, confiança e motivação, ao mesmo tempo que cultivamos gratidão, aprendizado e conexão com os outros ao nosso redor.

4.2.8. Solidariedade com a comunidade

Solidariedade com a comunidade é uma manifestação de apoio mútuo e responsabilidade compartilhada entre os membros de uma sociedade.

Aqui estão mais detalhes sobre esse conceito:

- **Apoio mútuo:** Solidariedade com a comunidade envolve oferecer ajuda e suporte aos outros membros da comunidade quando eles enfrentam dificuldades, desafios ou crises. Isso pode incluir doações financeiras, trabalho voluntário, assistência prática ou simplesmente estar presente para ouvir e oferecer apoio emocional.

- **Responsabilidade compartilhada:** Solidariedade com a comunidade reconhece que todos os membros de uma sociedade têm uma responsabilidade compartilhada pelo bem-estar dos outros e pelo funcionamento geral da comunidade. Isso implica agir de maneira ética, respeitosa e compassiva em todas as interações e tomar medidas para promover o bem comum.

- **Empatia e compaixão:** Solidariedade com a comunidade é fundamentada em princípios de empatia e compaixão, reconhecendo a humanidade comum que compartilhamos com os outros e buscando compreender e responder às suas necessidades e preocupações de maneira sensível e empática.

- **Colaboração e trabalho em equipe:** Solidariedade com a comunidade promove a colaboração e o trabalho em equipe para enfrentar desafios e resolver problemas coletivos. Isso envolve reunir recursos, habilidades e conhecimentos de várias pessoas e organizações para encontrar soluções eficazes e sustentáveis para questões sociais, econômicas e ambientais.

- **Promoção da justiça social:** Solidariedade com a comunidade também está ligada à promoção da justiça social e da equidade, reconhecendo e abordando as disparidades e injustiças que existem dentro da sociedade e trabalhando para criar um mundo mais justo, inclusivo e igualitário para todos os seus membros.

- **Fortalecimento dos laços sociais:** Solidariedade com a comunidade fortalece os laços sociais e promove um senso de pertencimento e coesão entre os membros da comunidade. Isso cria uma rede de apoio robusta e resiliente que pode ajudar a proteger os vulneráveis, fortalecer a resiliência da comunidade e promover o bem-estar de todos.

- **Criação de comunidades mais resilientes:** Solidariedade com a comunidade desempenha um papel crucial na criação de comunidades mais resilientes que podem se adaptar e se recuperar de desafios e crises. Ao trabalhar juntos e apoiar uns aos outros, os membros da comunidade podem superar adversidades e construir um futuro mais seguro e sustentável para todos.

Em resumo, solidariedade com a comunidade é uma expressão de valores compartilhados de apoio mútuo, responsabilidade compartilhada, empatia e justiça social. Ao promover esses valores em nossas vidas e em nossas comunidades, podemos construir um mundo mais compassivo, colaborativo e resiliente para todos.

4.2.9. Preparação dos descendentes para continuar o legado

Preparar os descendentes para continuar o legado envolve uma série de aspectos que visam transmitir valores, conhecimentos e recursos para as gerações futuras.

Aqui estão alguns detalhes sobre esse processo:

- **Transmissão de valores:** Uma parte essencial da preparação dos descendentes é transmitir os valores fundamentais que têm sido importantes para a família ao longo das gerações. Isso pode incluir valores como honestidade, integridade, respeito, responsabilidade, solidariedade e empatia. Esses valores fornecem uma base sólida para os descendentes navegarem na vida e tomarem decisões éticas e compassivas.

- **Transmissão de conhecimentos:** Além dos valores, é importante transmitir conhecimentos práticos e habilidades que são importantes para o sucesso e o bem-estar na vida. Isso pode incluir habilidades financeiras, habilidades de comunicação, habilidades interpessoais, habilidades de resolução de problemas, conhecimentos sobre história familiar e tradições culturais, entre outros. Esses conhecimentos fornecem aos descendentes as ferramentas necessárias para enfrentar os desafios da vida e alcançar seus objetivos.

- **Mentoria e orientação:** A preparação dos descendentes também envolve fornecer orientação e apoio individualizado para os ajudar a desenvolver seus talentos, explorar seus interesses e alcançar seu potencial máximo. Isso pode incluir mentoria de membros mais experientes da família, orientação educacional e profissional, e apoio emocional e prático em momentos de transição e desafio.

- **Cultivo da identidade familiar:** Parte da preparação dos descendentes envolve cultivar um senso de identidade familiar e conexão com suas raízes e história. Isso pode incluir compartilhar histórias familiares, tradições e rituais, visitas a locais importantes para a família, e participação em eventos e celebrações familiares. Esses elementos ajudam os descendentes a entenderem de onde vieram e a se sentirem parte de algo maior do que eles mesmos.

- **Encorajamento da autonomia:** Enquanto preparam os descendentes para continuar o legado familiar, é importante também os encorajar a desenvolver sua própria identidade e seguir seus próprios caminhos na vida. Isso envolve apoiar sua autonomia, independência e autoexpressão, e permitir que eles explorem suas próprias paixões, interesses e aspirações.

- **Promoção da responsabilidade:** Por fim, a preparação dos descendentes envolve ensinar-lhes sobre a importância da responsabilidade pessoal e social. Isso inclui incentivar o senso de dever para com a família, a comunidade e o mundo em geral, e instilar neles um compromisso de fazer a diferença positiva onde quer que estejam.

Em resumo, a preparação dos descendentes para continuar o legado familiar é um processo multifacetado que envolve transmitir valores, conhecimentos e recursos, fornecer orientação e apoio individualizado, cultivar uma identidade familiar e promover a autonomia e a responsabilidade pessoal. Ao investir nesse processo, as famílias podem ajudar a garantir que seu legado seja preservado e que as gerações futuras estejam bem preparadas para enfrentar os desafios e oportunidades que a vida apresenta.

4.2.10. Abertura para novas possibilidades e caminhos

A abertura para novas possibilidades e caminhos é fundamental para o sucesso e o crescimento pessoal e profissional.

Aqui estão alguns detalhes sobre esse conceito:

- **Mentalidade de crescimento:** A abertura para novas possibilidades começa com uma mentalidade de crescimento, que é a crença de que as habilidades, talentos e capacidades podem ser desenvolvidos ao longo do tempo com esforço, prática e perseverança. Essa mentalidade abre as portas para a aprendizagem contínua e o desenvolvimento pessoal.

- **Flexibilidade e adaptabilidade:** Ser aberto a novas possibilidades requer flexibilidade e adaptabilidade para se ajustar às mudanças e desafios que surgem na vida. Isso envolve estar disposto a abandonar ideias preconcebidas, experimentar novas abordagens e buscar soluções criativas para os problemas.

- **Curiosidade e exploração:** A abertura para novas possibilidades é alimentada pela curiosidade e pela vontade de explorar o desconhecido. Isso envolve estar aberto a novas experiências, perspectivas e oportunidades, e buscar constantemente expandir os horizontes pessoais e profissionais.

- **Resiliência e superação de desafios:** Ser aberto a novas possibilidades também requer resiliência e a capacidade de superar desafios e adversidades ao longo do caminho. Isso envolve enfrentar os medos e as incertezas que acompanham o desconhecido e encontrar maneiras de seguir em frente, mesmo quando as coisas não saem como planejado.

- *Networking* **e colaboração:** A abertura para novas possibilidades é facilitada pelo networking e pela colaboração com outras pessoas que possam oferecer apoio, orientação e oportunidades. Isso envolve construir e manter relacionamentos significativos com colegas, mentores, amigos e outros membros da comunidade que possam enriquecer nossas vidas e ampliar nossas perspectivas.

- **Autoconfiança e autoconhecimento:** Ser aberto a novas possibilidades também requer autoconfiança e autoconhecimento para reconhecer e aproveitar as oportunidades que surgem em nosso caminho. Isso envolve confiar em nossas habilidades e intuições, e estar disposto a seguir nossos instintos e paixões, mesmo que isso signifique sair da zona de conforto.

- **Foco no crescimento pessoal:** Por fim, a abertura para novas possibilidades é impulsionada pelo desejo de crescimento pessoal e pela busca da excelência. Isso envolve definir metas desafiadoras, perseguir nossas paixões e interesses, e estar sempre aberto a novas experiências e oportunidades de aprendizado.

Em resumo, a abertura para novas possibilidades e caminhos é uma atitude mental e emocional que nos capacita a explorar o desconhecido, superar desafios e aproveitar ao máximo as oportunidades que a vida nos oferece. Ao cultivar essa abertura em nossas vidas, podemos expandir nossos horizontes, alcançar nossos objetivos e criar uma vida rica e significativa para nós mesmos e para os outros ao nosso redor.

EMARANHAMENTOS E LEALDADES INVISÍVEIS

5.1. COMPREENSÃO DOS EMARANHAMENTOS E SUAS IMPLICAÇÕES NAS RELAÇÕES FAMILIARES

Compreender os emaranhamentos e suas implicações nas relações familiares é essencial para identificar e resolver padrões disfuncionais que podem afetar o equilíbrio e o bem-estar de uma família.

Aqui estão mais detalhes sobre esse tópico:

- **Identificação dos emaranhamentos:** Emaranhamentos referem-se a dinâmicas complexas e muitas vezes inconscientes que podem ocorrer dentro de uma família. Eles podem surgir devido a eventos traumáticos, segredos familiares, padrões de comportamento repetitivos ou lealdades invisíveis. Identificar esses emaranhamentos requer uma análise profunda das interações familiares e das histórias pessoais de cada membro da família.

- **Origens dos emaranhamentos:** Os emaranhamentos podem ter várias origens, incluindo eventos traumáticos, como divórcios, mortes, abusos ou migrações, segredos de família não resolvidos, como infidelidades ou adoções não reveladas, padrões de comportamento disfuncionais que se repetem ao longo das gerações, e lealdades invisíveis a membros excluídos ou rejeitados da família.

- **Impacto nos relacionamentos familiares:** Os emaranhamentos podem ter um impacto profundo nos relacionamentos familiares, criando conflitos, tensões e padrões de interação disfuncionais. Eles podem levar a sentimentos de culpa, ressentimento, vergonha ou raiva entre os membros da família e dificultar a comunicação aberta e honesta. Além disso, os emaranhamentos podem influenciar as escolhas de vida, os relacionamentos interpessoais e o bem-estar emocional de cada membro da família.

- **Padrões repetitivos:** Os emaranhamentos muitas vezes se manifestam como padrões de comportamento repetitivos que se reproduzem ao longo das gerações. Por exemplo, um padrão de abuso emocional pode ser transmitido de pais para filhos, perpetuando o ciclo de trauma familiar. Identificar e interromper esses padrões requer uma compreensão profunda das dinâmicas familiares e um compromisso com a mudança e o crescimento pessoal.

- **Resolução dos emaranhamentos:** Resolver os emaranhamentos requer um trabalho terapêutico profundo que envolve explorar as origens dos padrões disfuncionais, desafiar crenças e comportamentos arraigados, e promover a cura emocional e a reconciliação dentro da família. Isso pode incluir terapia familiar, constelações familiares, psicoterapia individual e outras abordagens terapêuticas que visam restaurar o equilíbrio e a harmonia nas relações familiares.

- **Criação de novos padrões:** Uma vez identificados e resolvidos, os emaranhamentos podem abrir espaço para a criação de novos padrões de relacionamento baseados em princípios de amor, respeito, compreensão e aceitação mútua. Isso requer um compromisso contínuo com a comunicação aberta, a resolução de conflitos construtiva e o cultivo de relacionamentos saudáveis e fortalecedores dentro da família.

Em resumo, compreender os emaranhamentos e suas implicações nas relações familiares é um passo crucial para promover a cura, a reconciliação e o crescimento dentro da família. Ao enfrentar esses padrões disfuncionais com compaixão e coragem, as famílias podem criar um ambiente mais amoroso, nutritivo e harmonioso para todos os seus membros.

5.1.1. NATUREZA DOS EMARANHAMENTOS FAMILIARES

A natureza dos emaranhamentos familiares é complexa e multifacetada, envolvendo uma interconexão de fatores emocionais, psicológicos e intergeracionais que afetam as dinâmicas familiares.

Aqui estão alguns detalhes sobre a natureza desses emaranhamentos:

- **Origens multifatoriais:** Os emaranhamentos familiares podem ter várias origens, incluindo eventos traumáticos, segredos de família, padrões de comportamento disfuncionais e lealdades invisíveis. Esses emaranhamentos podem se desenvolver ao longo do tempo e serem transmitidos de uma geração para outra, criando padrões repetitivos de interação e comportamento dentro da família.

- **Influências transgeracionais:** Muitos emaranhamentos familiares têm suas raízes em eventos ou experiências que ocorreram em gerações anteriores. Traumas não resolvidos, segredos de família e padrões comportamentais podem ser transmitidos de pais para filhos, criando uma rede complexa de influências que afetam as dinâmicas familiares atuais.

- **Padrões de comportamento repetitivos:** Os emaranhamentos familiares muitas vezes se manifestam como padrões de comportamento repetitivos que se reproduzem ao longo das gerações. Por exemplo, um padrão de abuso emocional pode ser transmitido de pais para filhos, perpetuando o ciclo de trauma familiar. Identificar e interromper esses padrões requer uma compreensão profunda das dinâmicas familiares e um compromisso com a mudança e o crescimento pessoal.

- **Complexidade emocional:** Os emaranhamentos familiares frequentemente envolvem uma complexidade emocional intensa, incluindo sentimentos de culpa, ressentimento, vergonha, raiva e tristeza. Essas emoções podem estar enraizadas em eventos passados, relacionamentos interpessoais complicados ou expectativas não realizadas, e podem influenciar significativamente as interações familiares e o bem-estar emocional de cada membro da família.

- **Lealdades invisíveis:** Uma característica importante dos emaranhamentos familiares são as lealdades invisíveis que podem surgir dentro da família. Essas lealdades podem ocorrer quando um membro da família se sente inconscientemente ligado a outro membro da família devido a eventos passados ou dinâmicas familiares complexas. Por exemplo, um filho pode sentir-se leal a um pai ausente, comprometendo seu próprio bem-estar em favor do pai.

- **Desequilíbrio de poder:** Em alguns casos, os emaranhamentos familiares podem resultar em um desequilíbrio de poder dentro da família, onde certos membros exercem controle sobre outros. Isso pode levar a dinâmicas tóxicas de domínio e submissão, onde os membros da família se sentem incapazes de expressar suas próprias necessidades e desejos livremente.

Em resumo, a natureza dos emaranhamentos familiares é complexa e multifacetada, envolvendo uma interconexão de fatores emocionais, psicológicos e intergeracionais. Identificar e resolver esses emaranhamentos requer uma abordagem holística que leve em consideração as experiências passadas, as relações atuais e as dinâmicas familiares, com o objetivo de promover a cura, o crescimento e a harmonia dentro da família.

EXPLORAÇÃO DAS DINÂMICAS COMPLEXAS QUE CRIAM EMARANHAMENTOS

A exploração das dinâmicas complexas que criam emaranhamentos familiares envolve uma análise profunda das interações, relações e eventos que moldam as dinâmicas familiares.

Aqui estão alguns detalhes sobre esse processo:

- **História familiar:** A história familiar fornece *insights* valiosos sobre os padrões de comportamento, crenças e experiências que podem contribuir para os emaranhamentos familiares. Investigar eventos significativos, como divórcios, mortes, migrações, traumas ou segredos familiares, pode ajudar a identificar as origens dos emaranhamentos e como eles foram transmitidos ao longo das gerações.

- **Padrões de comunicação:** As dinâmicas de comunicação dentro da família desempenham um papel fundamental na criação de emaranhamentos. Identificar padrões de comunicação disfuncionais, como evitação de conflitos, falta de expressão emocional ou comunicação agressiva, pode ajudar a entender como os membros da família interagem entre si e como esses padrões contribuem para os emaranhamentos.

- **Papéis familiares:** Os papéis familiares desempenham um papel importante na dinâmica familiar e podem contribuir para os emaranhamentos. Por exemplo, um filho pode assumir o papel de cuidador de um dos pais, criando uma dinâmica de dependência que afeta negativamente outras relações familiares. Explorar esses papéis e como eles influenciam as interações familiares pode ajudar a identificar os emaranhamentos subjacentes.

- **Segredos de família:** Segredos de família não resolvidos podem criar emaranhamentos complexos que afetam as relações familiares. Identificar e abordar segredos de família, como infidelidades, abusos ou adoções não reveladas, é essencial para desvendar os padrões disfuncionais que podem estar presentes nas dinâmicas familiares.

- **Lealdades invisíveis:** As lealdades invisíveis são outro aspecto importante das dinâmicas familiares que podem contribuir para os emaranhamentos. Por exemplo, um filho pode sentir-se leal a um dos pais ausentes, comprometendo seu próprio bem-estar em favor do pai ou da mãe. Explorar essas lealdades invisíveis e como elas influenciam as interações familiares é fundamental para desfazer os emaranhamentos.

- **Padrões transgeracionais:** Muitos emaranhamentos familiares têm suas raízes em padrões transgeracionais que são transmitidos de uma geração para outra. Identificar esses padrões repetitivos e como eles foram transmitidos ao longo das gerações é essencial para entender os emaranhamentos familiares e como eles afetam as relações familiares atuais.

Em resumo, a exploração das dinâmicas complexas que criam emaranhamentos familiares envolve uma análise profunda das interações, relações e eventos que moldam as dinâmicas familiares. Identificar as origens dos emaranhamentos e como eles afetam as relações familiares é o primeiro passo para resolver padrões disfuncionais e promover a cura e o crescimento dentro da família.

IMPACTO DOS EMARANHAMENTOS NOS INDIVÍDUOS E NO SISTEMA FAMILIAR COMO UM TODO

O impacto dos emaranhamentos nos indivíduos e no sistema familiar como um todo pode ser profundo e abrangente.

Aqui estão mais detalhes sobre esse tema:

- **Emoções negativas:** Os emaranhamentos familiares muitas vezes estão associados a um aumento de emoções negativas, como culpa, ressentimento, vergonha, raiva e tristeza. Essas emoções podem ser sentidas por todos os membros da família e podem criar um clima emocional tenso e desafiador dentro do ambiente familiar.

- **Dificuldades nos relacionamentos:** Os emaranhamentos podem afetar significativamente os relacionamentos entre os membros da família, criando conflitos, tensões e dificuldades de comunicação. Os indivíduos podem sentir-se desconectados, incompreendidos ou incapazes de expressar suas necessidades e sentimentos livremente, o que pode levar a distanciamento emocional e isolamento.

- **Padrões de comportamento disfuncionais:** Os emaranhamentos familiares muitas vezes resultam em padrões de comportamento disfuncionais que se reproduzem ao longo das gerações. Isso pode incluir comportamentos destrutivos, como abuso emocional, físico ou verbal, evitação de conflitos, dependência emocional ou negação de problemas familiares, que podem perpetuar ciclos de disfunção e sofrimento.

- **Impacto na saúde mental e bem-estar:** Os emaranhamentos familiares podem ter um impacto significativo na saúde mental e no bem-estar emocional dos indivíduos. Sentimentos de estresse, ansiedade, depressão e baixa autoestima são comuns entre aqueles que vivenciam emaranhamentos familiares, e esses problemas podem se manifestar de várias maneiras, incluindo dificuldades de sono, problemas de saúde física e problemas de relacionamento.

- **Modelagem de comportamento:** Os emaranhamentos familiares muitas vezes modelam padrões de comportamento para as gerações futuras, perpetuando ciclos de disfunção e sofrimento. Os filhos podem aprender a replicar os mesmos padrões de relacionamento e comportamento disfuncionais que testemunharam em suas próprias famílias, a menos que intervenções sejam feitas para interromper esses padrões.

- **Disfunção do sistema familiar:** Em níveis mais amplos, os emaranhamentos familiares podem levar à disfunção do sistema familiar como um todo. Isso pode incluir uma falta de coesão familiar, um ambiente emocionalmente insalubre, uma incapacidade de resolver conflitos de forma construtiva e uma incapacidade de se adaptar a mudanças ou desafios externos.

Em resumo, o impacto dos emaranhamentos nos indivíduos e no sistema familiar como um todo pode ser significativo e duradouro. Identificar e abordar esses emaranhamentos é essencial para promover a cura, a reconciliação e o crescimento dentro da família e para interromper ciclos de disfunção e sofrimento.

5.1.2. Origens dos Emaranhamentos

As origens dos emaranhamentos familiares podem ser diversas e multifacetadas, muitas vezes enraizadas em experiências, eventos e dinâmicas que ocorreram ao longo das gerações.

Aqui estão mais detalhes sobre as possíveis origens dos emaranhamentos:

- **Eventos traumáticos:** Traumas familiares, como abuso físico, emocional ou sexual, violência doméstica, perda de um ente querido, divórcio dos pais, vícios, entre outros, podem criar emaranhamentos familiares. Esses eventos traumáticos podem deixar cicatrizes emocionais profundas nos membros da família e influenciar negativamente as relações familiares.

- **Padrões comportamentais disfuncionais:** Padrões comportamentais disfuncionais dentro da família, como dependência emocional, evitação de conflitos, falta de comunicação ou desrespeito pelos limites pessoais, podem contribuir para a criação de emaranhamentos. Esses padrões muitas vezes se desenvolvem ao longo do tempo e podem ser transmitidos de uma geração para outra.

- **Segredos de família:** Segredos de família não resolvidos, como infidelidades, adoções não reveladas, problemas financeiros ou histórias de vida controversas, podem criar emaranhamentos familiares. A falta de transparência e honestidade sobre esses segredos pode minar a confiança e a coesão familiar, gerando conflitos e ressentimentos.

- **Lealdades invisíveis:** As lealdades invisíveis dentro da família, onde os membros se sentem obrigados a proteger ou apoiar outros membros da família, mesmo que isso comprometa seu próprio bem-estar, podem criar emaranhamentos. Por exemplo, um filho pode sentir-se leal a um pai abusivo, assumindo a responsabilidade por seu comportamento prejudicial.

- **Papéis familiares rígidos:** A atribuição de papéis familiares rígidos e inflexíveis, onde cada membro da família é esperado para desempenhar um papel específico sem espaço para flexibilidade ou individualidade, pode contribuir para os emaranhamentos. Isso pode levar a conflitos de poder, ressentimentos e uma sensação de falta de autonomia entre os membros da família.

- **Modelagem de comportamento:** Os padrões de comportamento observados e aprendidos dentro da família podem criar emaranhamentos familiares. Se os pais demonstram padrões disfuncionais de relacionamento, comunicação ou resolução de problemas, os filhos podem internalizar esses comportamentos e reproduzi-los em suas próprias relações familiares, perpetuando os emaranhamentos ao longo do tempo.

Essas são apenas algumas das possíveis origens dos emaranhamentos familiares. Em muitos casos, os emaranhamentos são o resultado de uma combinação complexa de fatores, e a compreensão de suas origens é fundamental para identificar e resolver esses padrões disfuncionais dentro da família.

ANÁLISE DAS CAUSAS E EVENTOS QUE CONTRIBUEM PARA O SURGIMENTO DE EMARANHAMENTOS

A análise das causas e eventos que contribuem para o surgimento de emaranhamentos familiares envolve examinar uma variedade de fatores e experiências que podem ter impacto nas relações familiares.

Aqui estão mais detalhes sobre este tema:

- **Eventos traumáticos:** Traumas familiares, como abuso físico, emocional ou sexual, divórcio dos pais, morte de um ente querido, vícios ou problemas financeiros, podem criar emaranhamentos familiares.

Esses eventos podem deixar cicatrizes emocionais e gerar padrões disfuncionais de interação entre os membros da família.

- **Padrões de comunicação disfuncionais:** A falta de comunicação eficaz ou a presença de padrões de comunicação disfuncionais, como evitação de conflitos, críticas constantes, sarcasmo ou falta de expressão emocional, pode contribuir para a criação de emaranhamentos. Isso pode resultar em mal-entendidos, ressentimentos e dificuldades de conexão emocional entre os membros da família.

- **Segredos familiares não resolvidos:** Segredos de família não revelados ou não resolvidos, como infidelidades, adoções não reveladas, problemas financeiros ocultos ou histórias de vida controversas, podem criar tensões e conflitos dentro da família. A falta de transparência e honestidade sobre esses segredos pode minar a confiança e criar barreiras na comunicação familiar.

- **Lealdades invisíveis:** Lealdades invisíveis, onde os membros da família se sentem obrigados a proteger ou apoiar outros membros, mesmo que isso vá contra seus próprios interesses ou valores, podem contribuir para os emaranhamentos. Por exemplo, um filho pode sentir-se leal a um pai abusivo, assumindo responsabilidades que não lhe correspondem.

- **Papéis familiares rígidos:** A atribuição de papéis familiares rígidos e inflexíveis, onde cada membro é esperado para desempenhar um papel específico sem espaço para flexibilidade ou mudança, pode contribuir para os emaranhamentos. Isso pode levar a conflitos de poder, ressentimentos e uma falta de autonomia entre os membros da família.

- **Modelagem de comportamento:** Os padrões de comportamento observados e aprendidos dentro da família podem contribuir para os emaranhamentos. Se os pais demonstram comportamentos disfuncionais de relacionamento, comunicação ou resolução de problemas, os filhos podem internalizar esses comportamentos e reproduzi-los em suas próprias relações familiares, perpetuando os emaranhamentos ao longo do tempo.

RAÍZES DA CONSTELAÇÃO

A análise dessas causas e eventos pode ajudar a identificar os padrões disfuncionais dentro da família e abrir caminho para a resolução e a cura. Reconhecer a origem dos emaranhamentos é o primeiro passo para promover relacionamentos familiares mais saudáveis e funcionais.

EXEMPLOS PRÁTICOS DE SITUAÇÕES QUE PODEM RESULTAR EM EMARANHAMENTOS

Aqui estão alguns exemplos práticos de situações que podem resultar em emaranhamentos familiares:

- **Divórcio dos pais:** O divórcio é uma situação que pode criar emaranhamentos familiares, especialmente se houver conflitos não resolvidos ou ressentimentos entre os pais. Os filhos podem sentir-se divididos entre os pais e sentir-se pressionados a tomar partido, o que pode criar lealdades invisíveis e tensões emocionais.

- **Segredos de família:** Segredos não revelados ou mal resolvidos, como uma história de adoção oculta, uma infidelidade não discutida ou problemas financeiros escondidos, podem gerar emaranhamentos familiares. A falta de transparência e honestidade sobre esses segredos pode criar um clima de desconfiança e tensão dentro da família.

- **Abuso emocional ou físico:** O abuso emocional ou físico dentro da família pode criar emaranhamentos familiares complexos. As vítimas de abuso podem sentir-se presas em relacionamentos disfuncionais devido a lealdades invisíveis ou medo, enquanto os agressores podem perpetuar padrões de comportamento abusivo devido a seus próprios traumas não resolvidos.

- **Problemas financeiros:** Dificuldades financeiras podem criar estresse e tensão dentro da família, especialmente se os membros da família tiverem diferentes expectativas ou abordagens para lidar com o dinheiro. Isso pode levar a conflitos sobre gastos, falta de comunicação sobre questões financeiras e ressentimentos em relação aos membros da família que são percebidos como contribuindo para os problemas financeiros.

- **Papéis familiares rígidos:** A atribuição de papéis familiares rígidos e inflexíveis pode resultar em emaranhamentos familiares. Por exemplo, se um dos pais é considerado o "provedor" da família e o outro é responsável pelas tarefas domésticas, pode haver ressentimento ou conflito se um dos pais não conseguir cumprir seu papel atribuído.

- **Conflitos não resolvidos:** Conflitos não resolvidos entre os membros da família, como ressentimentos não expressos, mal-entendidos ou falta de perdão, podem levar a emaranhamentos familiares. Esses conflitos podem criar um clima emocional tenso e contribuir para padrões disfuncionais de comunicação e interação dentro da família.

Esses são apenas alguns exemplos de situações que podem resultar em emaranhamentos familiares. Cada família é única, e os emaranhamentos podem surgir de uma variedade de circunstâncias e dinâmicas familiares específicas. Reconhecer esses padrões é o primeiro passo para abordar e resolver os emaranhamentos de forma eficaz.

5.1.3. Manifestações dos Emaranhamentos

As manifestações dos emaranhamentos familiares podem se apresentar de várias maneiras e podem afetar diferentes aspectos da vida dos membros da família.

Aqui estão alguns detalhes sobre as possíveis manifestações dos emaranhamentos:

- **Dificuldades nos relacionamentos:** Os emaranhamentos familiares podem resultar em dificuldades nos relacionamentos entre os membros da família. Isso pode incluir conflitos constantes, falta de comunicação eficaz, sentimentos de ressentimento, mágoa ou desconexão emocional entre os membros da família.

- **Padrões de comportamento repetitivos:** Os emaranhamentos familiares podem levar ao desenvolvimento de padrões de comportamento repetitivos e disfuncionais dentro da família. Isso pode incluir comportamentos como evitação de conflitos, dependência emocional, dificuldade em estabelecer limites saudáveis, entre outros.

RAÍZES DA CONSTELAÇÃO

- **Lealdades invisíveis:** As lealdades invisíveis que surgem dos emaranhamentos familiares podem influenciar as decisões e escolhas dos membros da família, muitas vezes de forma inconsciente. Isso pode resultar em membros da família sacrificando suas próprias necessidades ou felicidade para proteger ou apoiar outros membros da família, mesmo que isso vá contra seus próprios interesses.

- **Dificuldades de autoafirmação:** Os emaranhamentos familiares podem dificultar a capacidade dos membros da família de se afirmarem e expressarem suas próprias necessidades, desejos e opiniões de forma saudável. Isso pode levar a sentimentos de inadequação, baixa autoestima e falta de autonomia pessoal.

- **Problemas de saúde mental e emocional:** Os emaranhamentos familiares podem contribuir para o desenvolvimento de problemas de saúde mental e emocional entre os membros da família. Isso pode incluir ansiedade, depressão, transtornos alimentares, abuso de substâncias e outros problemas relacionados ao estresse emocional e conflitos familiares não resolvidos.

- **Dificuldades de relacionamento fora da família:** Os padrões disfuncionais que surgem dos emaranhamentos familiares podem se estender aos relacionamentos fora da família, como amizades, relacionamentos românticos e profissionais. Isso pode resultar em dificuldades de confiança, intimidade e comunicação nos relacionamentos interpessoais.

Essas são apenas algumas das possíveis manifestações dos emaranhamentos familiares. É importante reconhecer esses padrões e buscar ajuda adequada para abordar e resolver os conflitos e dinâmicas disfuncionais dentro da família. O apoio terapêutico e a orientação podem ser recursos valiosos para ajudar os membros da família a lidar com os desafios dos emaranhamentos e promover relacionamentos familiares mais saudáveis e gratificantes.

IDENTIFICAÇÃO DE SINTOMAS E PADRÕES COMUNS ASSOCIADOS AOS EMARANHAMENTOS

Identificar sintomas e padrões comuns associados aos emaranhamentos familiares é essencial para reconhecer e abordar eficazmente os desafios dentro da dinâmica familiar.

Aqui estão alguns detalhes sobre a identificação desses sintomas e padrões:

- **Padrões de comunicação disfuncionais:** Os emaranhamentos familiares muitas vezes estão associados a padrões de comunicação disfuncionais, como evitação de conflitos, comunicação passivo-agressiva, falta de expressão emocional e dificuldade em estabelecer limites saudáveis. Identificar esses padrões pode ajudar a entender as dinâmicas de relacionamento dentro da família.

- **Tensão emocional persistente:** A presença de tensão emocional persistente entre os membros da família é um sintoma comum de emaranhamentos familiares. Isso pode se manifestar como ressentimento, raiva reprimida, mágoa, tristeza ou ansiedade, e pode criar um clima emocional tenso e desconfortável dentro da família.

- **Papéis familiares rígidos:** Os emaranhamentos familiares frequentemente envolvem a atribuição de papéis familiares rígidos e inflexíveis, nos quais cada membro da família é esperado para desempenhar um papel específico. Isso pode resultar em uma falta de autonomia pessoal, ressentimento em relação aos papéis atribuídos e dificuldade em expressar a própria identidade.

- **Lealdades invisíveis:** As lealdades invisíveis são um sintoma comum de emaranhamentos familiares, nos quais os membros da família se sentem obrigados a proteger ou apoiar outros membros da família, muitas vezes em detrimento de si mesmos. Identificar essas lealdades invisíveis pode ajudar a entender as dinâmicas de poder e influência dentro da família.

- **Conflitos recorrentes não resolvidos:** Os emaranhamentos familiares muitas vezes estão associados a conflitos recorrentes não resolvidos entre os membros da família. Identificar padrões de conflito pode ajudar a identificar áreas de tensão e desacordo que precisam ser abordadas para promover uma comunicação mais saudável e relacionamentos mais gratificantes.

- **Dificuldades de relacionamento fora da família:** Os emaranhamentos familiares podem afetar os relacionamentos fora da família, como amizades, relacionamentos românticos e profissionais. Identificar dificuldades de confiança, intimidade e comunicação em outros relacionamentos pode ser um indicador de emaranhamentos familiares subjacentes que precisam ser abordados.

Ao identificar sintomas e padrões comuns associados aos emaranhamentos familiares, os membros da família e os profissionais de saúde mental podem trabalhar juntos para abordar e resolver os desafios dentro da dinâmica familiar. O reconhecimento precoce desses sintomas pode levar a intervenções mais eficazes e promover relacionamentos familiares mais saudáveis e gratificantes.

COMO OS EMARANHAMENTOS SE REFLETEM NOS RELACIONAMENTOS E NO BEM-ESTAR INDIVIDUAL

Os emaranhamentos familiares podem ter um impacto significativo nos relacionamentos e no bem-estar individual dos membros da família.

Aqui estão alguns detalhes sobre como esses emaranhamentos se refletem:

- **Dificuldades nos relacionamentos:** Os emaranhamentos familiares muitas vezes se refletem em dificuldades nos relacionamentos entre os membros da família. Isso pode incluir conflitos frequentes, falta de comunicação eficaz, sentimentos de ressentimento e mágoa, e uma sensação geral de desconexão emocional.

- **Baixa autoestima e autoconfiança:** Os emaranhamentos familiares podem afetar a autoestima e a autoconfiança dos membros da família, especialmente se eles se sentirem presos em padrões disfuncionais ou atribuídos a papéis familiares rígidos. Isso pode levar a sentimentos de inadequação, insegurança e falta de autonomia pessoal.

- **Estresse emocional e ansiedade:** Os emaranhamentos familiares frequentemente contribuem para o estresse emocional e a ansiedade entre os membros da família. A tensão constante, os conflitos não resolvidos e as expectativas irreais podem criar um clima emocional tenso e contribuir para problemas de saúde mental.

- **Isolamento social:** Os membros da família que estão envolvidos em emaranhamentos complexos podem se sentir isolados socialmente e emocionalmente. Eles podem ter dificuldade em se conectar com os outros fora da família ou em buscar apoio de amigos e colegas devido ao medo de julgamento ou vergonha.

- **Dependência emocional:** Os emaranhamentos familiares podem levar à dependência emocional de certos membros da família. Isso pode criar um ciclo de relacionamentos co-dependentes e dificultar o desenvolvimento de relacionamentos saudáveis e equilibrados fora da família.

- **Impacto nos relacionamentos românticos:** Os padrões disfuncionais aprendidos dentro da família podem se refletir nos relacionamentos românticos dos membros da família. Isso pode incluir dificuldades de confiança, medo de intimidade, padrões de comunicação disfuncionais e conflitos recorrentes que afetam a estabilidade e a satisfação do relacionamento.

- **Saúde física comprometida:** O estresse emocional resultante dos emaranhamentos familiares pode ter um impacto negativo na saúde física dos membros da família. O estresse crônico pode contribuir para uma série de problemas de saúde, incluindo distúrbios do sono, problemas digestivos, dores de cabeça e enfraquecimento do sistema imunológico.

Em resumo, os emaranhamentos familiares têm o potencial de afetar profundamente os relacionamentos e o bem-estar individual dos membros da família. Reconhecer esses padrões é o primeiro passo para buscar apoio e intervenção adequados para promover uma dinâmica familiar mais saudável e gratificante.

5.2. IDENTIFICAÇÃO E RESOLUÇÃO DE LEALDADES INVISÍVEIS

A identificação e resolução de lealdades invisíveis é uma parte fundamental do trabalho terapêutico na constelação familiar.

Aqui estão mais detalhes sobre esse processo:

- **Compreensão das lealdades invisíveis:** As lealdades invisíveis referem-se aos laços emocionais e energéticos que os membros da família têm uns com os outros, muitas vezes de forma inconsciente. Essas lealdades podem se manifestar de várias maneiras, como sacrificar o próprio bem-estar para proteger um membro da família, seguir padrões familiares prejudiciais ou sentir-se preso a destinos familiares difíceis.

- **Identificação das lealdades invisíveis:** O terapeuta ajuda os membros da família a identificar as lealdades invisíveis que podem estar afetando suas vidas e relacionamentos. Isso pode envolver a exploração de padrões familiares repetitivos, eventos significativos na história familiar e dinâmicas de relacionamento complexas.

- **Reconhecimento dos efeitos das lealdades invisíveis:** Uma vez identificadas, é importante reconhecer como as lealdades invisíveis estão impactando a vida dos membros da família. Isso pode incluir sentimentos de culpa, ressentimento, limitações pessoais e dificuldades nos relacionamentos.

- **Exploração das origens das lealdades invisíveis:** O terapeuta ajuda os membros da família a explorar as origens das lealdades invisíveis, muitas vezes remontando a eventos ou situações específicas no passado da família. Isso pode envolver a compreensão de dinâmicas transgeracionais, segredos de família ou eventos traumáticos que moldaram as lealdades invisíveis.

- **Resolução das lealdades invisíveis:** Uma vez compreendidas, as lealdades invisíveis podem ser abordadas e resolvidas por meio de diferentes técnicas terapêuticas, como constelações familiares, terapia individual ou terapia de grupo. Isso pode envolver a criação de novas narrativas familiares, o estabelecimento de limites saudáveis ou o perdão de eventos passados.

- **Integração das mudanças:** À medida que as lealdades invisíveis são identificadas e resolvidas, os membros da família podem experimentar um maior senso de liberdade, autonomia e conexão nos relacionamentos. É importante integrar essas mudanças em suas vidas diárias e continuar a trabalhar para promover relacionamentos familiares saudáveis e gratificantes.

A identificação e resolução de lealdades invisíveis podem ser um processo desafiador, mas essencial para promover a cura e o crescimento dentro da dinâmica familiar. Ao reconhecer e confrontar essas dinâmicas, os membros da família podem criar uma base mais sólida para relacionamentos mais saudáveis e conexões mais autênticas.

5.2.1. Conceito de Lealdades Invisíveis

As lealdades invisíveis são um conceito central na constelação familiar e referem-se aos vínculos emocionais e energéticos que os membros de uma família mantêm uns com os outros, muitas vezes de forma inconsciente.

Aqui estão mais detalhes sobre esse conceito:

- **Natureza inconsciente:** As lealdades invisíveis geralmente operam no nível do subconsciente, o que significa que os membros da família podem não estar conscientes de sua influência sobre seus pensamentos, sentimentos e comportamentos. Essas lealdades muitas vezes se desenvolvem em resposta a eventos passados na história familiar ou a dinâmicas de relacionamento complexas.

- **Origens transgeracionais:** As lealdades invisíveis podem ser transmitidas ao longo das gerações e têm suas raízes em eventos ou situações específicas no passado da família. Isso pode incluir eventos traumáticos, segredos de família, padrões de relacionamento disfuncionais ou tragédias não resolvidas que deixam uma marca duradoura nas gerações futuras.

- **Manifestações nos relacionamentos:** As lealdades invisíveis se manifestam nos relacionamentos familiares de várias maneiras, influenciando a dinâmica familiar, os padrões de comunicação, os papéis atribuídos e as expectativas de comportamento. Por exemplo, um filho pode sentir uma lealdade invisível para com um dos pais e se sentir compelido a protegê-lo ou a seguir seus passos, mesmo que isso vá contra seus próprios desejos ou necessidades.

- **Conflito com o desenvolvimento pessoal:** As lealdades invisíveis podem criar conflitos internos para os membros da família, especialmente quando entram em conflito com seu próprio desenvolvimento pessoal e autoexpressão. Por exemplo, um indivíduo pode sentir-se preso em um papel familiar ou padrão de comportamento que limita seu crescimento pessoal e bem-estar emocional.

- **Desafios nos relacionamentos:** As lealdades invisíveis podem criar desafios nos relacionamentos familiares, contribuindo para conflitos não resolvidos, falta de comunicação, ressentimento e dificuldade em estabelecer limites saudáveis. Identificar e resolver essas lealdades é fundamental para promover relacionamentos mais autênticos, gratificantes e saudáveis dentro da família.

- **Processo de cura:** Reconhecer e abordar as lealdades invisíveis é um passo importante no processo de cura e crescimento dentro da dinâmica familiar. Isso envolve trazer à luz padrões inconscientes, compreender suas origens e impactos, e trabalhar para integrar novas formas de pensar, sentir e se relacionar que promovam a saúde e o bem-estar de todos os membros da família.

Em resumo, as lealdades invisíveis são um aspecto poderoso e muitas vezes oculto das dinâmicas familiares, e explorar e abordar essas lealdades pode levar a uma maior compreensão, cura e conexão dentro da família.

EXPLICAÇÃO DO SIGNIFICADO E DA NATUREZA DAS LEALDADES INVISÍVEIS NA DINÂMICA FAMILIAR

As lealdades invisíveis desempenham um papel significativo na dinâmica familiar, influenciando os padrões de comportamento, os relacionamentos e o bem-estar emocional dos membros da família.

Aqui estão mais detalhes sobre o significado e a natureza dessas lealdades:

- **Vínculos emocionais inconscientes:** As lealdades invisíveis são vínculos emocionais profundamente enraizados que os membros da família têm uns com os outros, muitas vezes sem estar conscientes disso. Esses vínculos podem ser formados por meio de experiências compartilhadas, traumas familiares não resolvidos ou expectativas implícitas transmitidas ao longo das gerações.

- **Respeito pelas figuras de autoridade:** Muitas vezes, as lealdades invisíveis estão ligadas às figuras de autoridade na família, como pais, avós ou irmãos mais velhos. Os membros da família podem sentir-se obrigados a seguir os desejos ou expectativas dessas figuras, mesmo que isso vá contra seus próprios interesses ou valores.

- **Identificação com o sistema familiar:** Os membros da família frequentemente desenvolvem uma forte identificação com o sistema familiar como um todo, o que pode levar a uma lealdade inconsciente ao sistema e seus padrões. Isso pode dificultar a quebra de padrões disfuncionais ou a busca de autonomia e autoexpressão.

- **Repetição de padrões familiares:** As lealdades invisíveis muitas vezes resultam na repetição de padrões familiares ao longo das gerações. Por exemplo, um filho pode se sentir compelido a seguir uma carreira específica que foi tradicional na família, mesmo que não seja sua verdadeira paixão, devido a uma lealdade invisível ao legado familiar.

- **Impacto nos relacionamentos:** As lealdades invisíveis podem ter um impacto profundo nos relacionamentos familiares, contribuindo para conflitos, ressentimento e falta de comunicação. Por exemplo, um cônjuge pode sentir-se leal à sua família de origem em detrimento do seu parceiro, criando tensão e desequilíbrio no relacionamento.

- **Necessidade de reconhecimento e resolução:** Identificar e reconhecer as lealdades invisíveis é fundamental para promover relacionamentos familiares mais saudáveis e autênticos. Isso pode envolver a conscientização dos padrões repetitivos, a compreensão de suas origens e a busca de maneiras de criar novas dinâmicas familiares baseadas na autonomia, respeito mútuo e amor incondicional.

Em suma, as lealdades invisíveis são um aspecto essencial, porém muitas vezes não reconhecido, da dinâmica familiar. Ao explorar e abordar essas lealdades de forma consciente e compassiva, os membros da família podem criar uma base mais sólida para relacionamentos mais autênticos, satisfatórios e emocionalmente gratificantes.

COMO AS LEALDADES INVISÍVEIS PODEM AFETAR AS ESCOLHAS E COMPORTAMENTOS INDIVIDUAIS

As lealdades invisíveis têm o poder de influenciar profundamente as escolhas e comportamentos individuais dos membros da família.

Aqui estão alguns detalhes sobre como essas lealdades podem afetar as decisões e ações de uma pessoa:

- **Conformidade com expectativas familiares:** Os membros da família podem sentir-se obrigados a seguir padrões de comportamento ou realizar certas escolhas para se conformar às expectativas familiares. Por exemplo, um indivíduo pode se sentir pressionado a seguir uma carreira específica ou a manter certas tradições familiares, mesmo que isso não seja alinhado com seus próprios interesses ou objetivos pessoais.

- **Lealdade aos pais ou figuras de autoridade:** As lealdades invisíveis muitas vezes envolvem uma forte ligação emocional com os pais ou outras figuras de autoridade na família. Isso pode levar os indivíduos a tomar decisões com base no que eles acreditam ser o melhor para essas figuras, em vez de seguir seus próprios desejos ou necessidades.

- **Repetição de padrões familiares:** As lealdades invisíveis também podem levar os membros da família a repetir padrões familiares estabelecidos ao longo das gerações. Por exemplo, alguém pode seguir um padrão de relacionamento disfuncional ou adotar comportamentos autodestrutivos porque se sente leal a padrões familiares estabelecidos.

- **Medo de desaprovação ou rejeição**: O medo de desaprovação ou rejeição da família pode levar os indivíduos a evitar tomar certas decisões ou expressar suas verdadeiras opiniões e desejos. Isso pode resultar em uma falta de autenticidade e uma sensação de estar preso em papéis ou expectativas familiares.

- **Auto-sacrifício em nome da família:** Algumas pessoas podem se sentir compelidas a sacrificar seu próprio bem-estar em nome da família, colocando as necessidades dos outros antes das suas. Isso pode levar a um sentimento de ressentimento ou amargura ao longo do tempo, à medida que as próprias necessidades e desejos são negligenciados em favor dos outros.

- **Dificuldade em estabelecer limites saudáveis**: As lealdades invisíveis podem dificultar a capacidade de estabelecer limites saudáveis e assertivos nos relacionamentos familiares. Os indivíduos podem se sentir obrigados a aceitar comportamentos prejudiciais ou tóxicos de outros membros da família, mesmo que isso cause sofrimento ou conflito interno.

Em resumo, as lealdades invisíveis podem exercer uma influência significativa sobre as escolhas e comportamentos individuais, muitas vezes levando os membros da família a seguir padrões estabelecidos ou a colocar as necessidades dos outros antes das suas. Reconhecer e abordar essas lealdades é fundamental para promover uma maior autenticidade, autonomia e bem-estar emocional dentro da família.

5.2.2. Reconhecimento das Lealdades Invisíveis

O reconhecimento das lealdades invisíveis é um passo crucial no processo de compreensão e transformação das dinâmicas familiares.

Aqui estão mais detalhes sobre como reconhecer essas lealdades:

- **Autoconsciência:** O primeiro passo para reconhecer as lealdades invisíveis é desenvolver uma maior autoconsciência sobre os próprios pensamentos, sentimentos e comportamentos. Isso envolve refletir sobre as escolhas individuais e considerar como elas podem ser influenciadas pelas expectativas familiares ou padrões estabelecidos.

- **Exame dos padrões repetitivos:** Observar padrões repetitivos nos relacionamentos e dinâmicas familiares pode ajudar a identificar as lealdades invisíveis em ação. Isso pode incluir padrões de comunicação, papéis familiares atribuídos e comportamentos recorrentes que refletem as lealdades emocionais dentro da família.

- **Exploração das origens familiares:** Investigar a história e as experiências familiares pode fornecer *insight*s valiosos sobre as origens das lealdades invisíveis. Isso pode incluir a identificação de eventos ou situações passadas que deixaram uma marca duradoura nas gerações subsequentes e influenciaram as dinâmicas familiares atuais.

- **Atenção aos sentimentos e intuições:** Prestar atenção aos sentimentos intuitivos e às reações emocionais pode ajudar a identificar as lealdades invisíveis que podem estar operando no nível subconsciente. Isso pode envolver reconhecer sentimentos de lealdade, culpa, medo ou obrigação em relação aos membros da família e suas expectativas.

- **Diálogo aberto e honesto:** O diálogo aberto e honesto com outros membros da família pode ajudar a esclarecer e validar as lealdades invisíveis. Isso pode incluir conversas francas sobre expectativas familiares, padrões de comportamento e o impacto emocional das dinâmicas familiares nas escolhas individuais.

- **Busca de padrões repetitivos em outras áreas da vida:** Além das dinâmicas familiares, é importante estar atento a padrões repetitivos em outras áreas da vida, como relacionamentos românticos, amizades e carreira. Esses padrões podem oferecer *insight*s adicionais sobre as lealdades invisíveis e como elas podem estar influenciando as escolhas individuais.

- **Acompanhamento terapêutico:** Trabalhar com um terapeuta ou facilitador treinado em constelação familiar pode ser especialmente útil no reconhecimento e na compreensão das lealdades invisíveis. Eles podem oferecer uma perspectiva imparcial e orientação para explorar essas dinâmicas de forma mais profunda e promover o crescimento pessoal e familiar.

Em resumo, reconhecer as lealdades invisíveis requer autoconsciência, reflexão sobre padrões familiares, exploração das origens emocionais e diálogo aberto com outros membros da família. Esse processo de reconhecimento é fundamental para promover uma maior compreensão e transformação das dinâmicas familiares, promovendo relacionamentos mais saudáveis e autênticos.

ESTRATÉGIAS PARA IDENTIFICAR E TORNAR CONSCIENTES AS LEALDADES INVISÍVEIS PRESENTES NAS CONSTELAÇÕES

Identificar e trazer à consciência as lealdades invisíveis presentes nas constelações familiares é essencial para promover a cura e o crescimento dentro do sistema familiar.

Aqui estão algumas estratégias para realizar esse processo:

- **Observação cuidadosa das dinâmicas familiares:** Durante uma constelação, o facilitador e os participantes devem observar atentamente as interações e os padrões de comportamento entre os membros representativos da família. Isso inclui prestar atenção às emoções, expressões faciais, linguagem corporal e comunicações não verbais que podem revelar pistas sobre as lealdades invisíveis presentes.

- **Questionamento direcionado:** O facilitador pode fazer perguntas diretas aos representantes dos membros da família para explorar suas motivações, sentimentos e experiências durante a constelação. Isso pode ajudar a trazer à tona as lealdades inconscientes e os vínculos emocionais subjacentes que influenciam as dinâmicas familiares.

- **Foco na experiência subjetiva:** Incentivar os participantes a compartilhar suas experiências subjetivas durante a constelação pode revelar *insight*s importantes sobre as lealdades invisíveis presentes. Isso envolve encorajar os representantes a expressar seus sentimentos, intuições e percepções enquanto vivenciam a dinâmica familiar dentro da constelação.

- **Exploração das reações emocionais:** As reações emocionais dos participantes durante a constelação podem indicar a presença de lealdades invisíveis e vínculos emocionais não resolvidos dentro do sistema familiar. Ao explorar essas reações emocionais de maneira cuidadosa e respeitosa, é possível identificar e compreender melhor as dinâmicas subjacentes.

- **Análise dos padrões repetitivos:** Identificar padrões repetitivos de comportamento, conflito ou interação entre os membros da família durante a constelação pode fornecer *insight*s sobre as lealdades invisíveis presentes. Ao examinar esses padrões, os participantes podem começar a entender como as lealdades inconscientes estão influenciando as dinâmicas familiares.

- **Intervenções terapêuticas direcionadas:** O facilitador pode usar intervenções terapêuticas específicas, como representar diferentes partes do sistema familiar ou introduzir objetos simbólicos, para explorar e trazer à luz as lealdades invisíveis presentes na constelação. Essas intervenções podem ajudar a revelar dinâmicas ocultas e promover a resolução de conflitos dentro do sistema familiar.

- ***Feedback* e reflexão:** Após a constelação, os participantes podem compartilhar *feedback* e reflexões sobre suas experiências durante o processo. Isso pode incluir *insight*s sobre as lealdades invisíveis identificadas, como elas estão influenciando as dinâmicas familiares e o que pode ser feito para promover a cura e o crescimento dentro do sistema.

Ao utilizar essas estratégias, os facilitadores e participantes podem trabalhar juntos para identificar e tornar conscientes as lealdades invisíveis presentes nas constelações familiares, promovendo uma maior compreensão, cura e transformação dentro do sistema familiar.

EXERCÍCIOS PRÁTICOS PARA REVELAR LEALDADES INVISÍVEIS E SEUS EFEITOS

A revelação das lealdades invisíveis e seus efeitos pode ser facilitada a partir de uma variedade de exercícios práticos projetados para trazer à luz as dinâmicas ocultas dentro do sistema familiar.

Aqui estão alguns exemplos de exercícios que podem ser úteis nesse processo:

- **Mapeamento familiar:** Peça aos participantes que criem um mapa da árvore genealógica de sua família, identificando padrões, eventos significativos e relacionamentos importantes ao longo das gerações. Isso pode ajudar a revelar padrões repetitivos, lealdades invisíveis e eventos traumáticos que podem estar influenciando as dinâmicas familiares atuais.

- **Entrevistas familiares:** Realize entrevistas individuais com os membros da família para explorar suas experiências, memórias e percepções sobre a história familiar, relacionamentos e eventos significativos. Isso pode ajudar a identificar lealdades invisíveis, crenças familiares e padrões de comportamento que estão influenciando as dinâmicas familiares.

- **Genograma interativo:** Crie um genograma interativo durante uma sessão de constelação familiar, convidando os participantes a representar visualmente os relacionamentos e padrões familiares usando objetos simbólicos ou desenhos. Isso pode ajudar a revelar as lealdades invisíveis e os vínculos emocionais que estão presentes dentro do sistema familiar.

- **Dramatização de papéis:** Peça aos participantes que representem diferentes membros da família durante uma constelação familiar, explorando os relacionamentos, conflitos e emoções subjacentes. Isso pode ajudar a revelar as lealdades invisíveis e os padrões de comportamento que estão influenciando as dinâmicas familiares.

- **Cartas não enviadas:** Incentive os participantes a escrever cartas não enviadas para membros da família, expressando seus sentimentos, pensamentos e experiências não resolvidas. Isso pode ajudar a revelar lealdades invisíveis, ressentimentos e emoções reprimidas que estão afetando as dinâmicas familiares.

- **Visualização guiada:** Realize uma visualização guiada durante uma sessão de constelação familiar, convidando os participantes a explorar visualmente suas relações familiares, memórias e emoções. Isso pode ajudar a revelar lealdades invisíveis, traumas não resolvidos e padrões de comportamento que estão presentes dentro do sistema familiar.

- *Role-playing*: Encoraje os participantes a se envolverem em *role-playing* durante uma constelação familiar, representando diferentes membros da família e explorando suas perspectivas, sentimentos e experiências. Isso pode ajudar a revelar as lealdades invisíveis e os conflitos subjacentes que estão influenciando as dinâmicas familiares.

Esses exercícios práticos podem ser utilizados de forma individual ou combinados durante uma sessão de constelação familiar para revelar lealdades invisíveis, padrões de comportamento e dinâmicas familiares que estão afetando o bem-estar e o funcionamento do sistema familiar. Ao trazer à luz essas dinâmicas ocultas, os participantes podem promover uma maior compreensão, cura e transformação dentro do sistema familiar.

5.2.3. Abordagens para a Resolução de Lealdades Invisíveis

A resolução de lealdades invisíveis é um processo delicado que requer uma abordagem cuidadosa e compassiva para promover a cura e o crescimento dentro do sistema familiar.

Aqui estão algumas abordagens que podem ser úteis na resolução dessas lealdades invisíveis:

- **Tomada de consciência:** O primeiro passo para resolver lealdades invisíveis é trazê-las à consciência. Isso pode envolver a identificação e a compreensão das dinâmicas familiares, crenças limitantes e padrões de comportamento que estão influenciando as relações familiares. A conscientização é fundamental para iniciar o processo de transformação e cura.

- **Aceitação e perdão:** Promover um ambiente de aceitação e perdão é essencial para resolver lealdades invisíveis. Isso pode envolver a aceitação das próprias experiências e das experiências dos membros da família, independentemente de quão dolorosas ou desafiadoras possam ser. O perdão também é importante para liberar ressentimentos e emoções negativas que estão impedindo a cura e o crescimento.

- **Diálogo aberto e honesto:** Facilitar o diálogo aberto e honesto entre os membros da família é fundamental para resolver lealdades invisíveis. Isso pode envolver a comunicação aberta de sentimentos, pensamentos e experiências, bem como a disposição para ouvir e compreender as perspectivas dos outros. O diálogo pode ajudar a promover a compreensão mútua e a construção de relações mais saudáveis e harmoniosas.

- **Exploração das origens:** Investigar as origens das lealdades invisíveis pode ajudar a entender melhor suas raízes e os eventos ou traumas que as desencadearam. Isso pode envolver a exploração da história familiar, a identificação de padrões repetitivos e a compreensão das experiências passadas que estão influenciando as dinâmicas familiares atuais. Ao compreender as origens das lealdades invisíveis, os membros da família podem começar a liberar padrões disfuncionais e promover uma maior harmonia e equilíbrio dentro do sistema familiar.

- **Trabalho terapêutico:** O trabalho terapêutico individual ou em grupo pode ser uma ferramenta poderosa na resolução de lealdades invisíveis. Isso pode incluir terapia familiar, terapia sistêmica ou constelações familiares, entre outras abordagens terapêuticas. O trabalho terapêutico pode ajudar os membros da família a explorar questões emocionais não resolvidas, liberar padrões disfuncionais e promover a cura e o crescimento dentro do sistema familiar.

- **Rituais de cura:** A realização de rituais de cura pode ser uma forma eficaz de resolver lealdades invisíveis e promover a reconciliação dentro do sistema familiar. Isso pode incluir cerimônias de perdão, rituais de renovação de votos familiares ou outros rituais simbólicos destinados a promover a cura e a harmonia dentro da família. Os rituais de cura podem ajudar os membros da família a liberar emoções negativas, promover a reconciliação e fortalecer os laços familiares.

- **Práticas de autocuidado:** Promover práticas de autocuidado é essencial para ajudar os membros da família a lidar com as emoções intensas e os desafios que surgem durante o processo de resolução de lealdades invisíveis. Isso pode incluir técnicas de relaxamento, meditação, exercícios físicos, expressão criativa ou outras atividades que ajudem a promover o bem-estar emocional e mental. O autocuidado é fundamental para fortalecer a resiliência e a capacidade de enfrentar os desafios que surgem ao longo do caminho de cura e transformação.

MÉTODOS TERAPÊUTICOS PARA TRABALHAR COM LEALDADES INVISÍVEIS E DESFAZER VÍNCULOS NÃO SAUDÁVEIS

Existem várias abordagens terapêuticas que podem ser úteis para trabalhar com lealdades invisíveis e desfazer vínculos não saudáveis dentro do sistema familiar.

Aqui estão alguns métodos terapêuticos que podem ser eficazes:

- **Constelações Familiares:** As constelações familiares são uma abordagem terapêutica poderosa para explorar dinâmicas familiares, incluindo lealdades invisíveis e padrões disfuncionais. Durante uma sessão de constelação, os participantes representam membros da família e suas relações, proporcionando uma representação visual das dinâmicas familiares. Isso pode ajudar a revelar padrões ocultos, traumas não resolvidos e lealdades invisíveis, permitindo que sejam reconhecidos e transformados.

RAÍZES DA CONSTELAÇÃO

- **Terapia Sistêmica:** A terapia sistêmica se concentra nas relações e interações dentro do sistema familiar, incluindo padrões de comportamento, crenças e lealdades invisíveis. Os terapeutas sistêmicos trabalham com os membros da família para identificar e modificar padrões disfuncionais, promovendo uma maior compreensão e harmonia dentro do sistema familiar.

- **Terapia Narrativa:** A terapia narrativa se concentra na construção de narrativas alternativas e na reconstrução da história pessoal e familiar. Os terapeutas narrativos ajudam os clientes a examinar suas histórias de vida e a identificar padrões de pensamento e comportamento que podem estar enraizados em lealdades invisíveis ou crenças limitantes. Isso pode ajudar os clientes a reescrever suas histórias de uma forma que promova a cura e o crescimento.

- **Terapia do Esquema:** A terapia do esquema se concentra na identificação e modificação de esquemas disfuncionais que influenciam o pensamento, o comportamento e as emoções dos clientes. Os terapeutas do esquema trabalham com os clientes para explorar suas necessidades não atendidas e padrões de comportamento repetitivos, incluindo aqueles enraizados em lealdades invisíveis. Isso pode ajudar os clientes a desenvolver estratégias mais saudáveis e adaptativas para lidar com desafios e promover o bem-estar emocional.

- **Psicodrama:** O psicodrama é uma abordagem terapêutica que envolve a representação de papéis e dramatização de situações passadas, presentes ou futuras. Durante uma sessão de psicodrama, os participantes têm a oportunidade de explorar dinâmicas familiares, incluindo lealdades invisíveis, por meio da expressão criativa e da representação de experiências emocionais. Isso pode ajudar os participantes a ganhar *insight*s e promover a cura dentro do sistema familiar.

- **Terapia Individual e Familiar:** A terapia individual e familiar pode ser uma ferramenta eficaz para trabalhar com lealdades invisíveis e desfazer vínculos não saudáveis. Os terapeutas individuais e familiares trabalham com os clientes para explorar suas experiências, emoções e relacionamentos, identificando padrões disfuncionais e promovendo uma maior compreensão e aceitação dentro do sistema familiar.

Esses métodos terapêuticos podem ser utilizados de forma individual ou combinados para abordar as lealdades invisíveis e promover a cura e o crescimento dentro do sistema familiar. Cada abordagem terapêutica oferece ferramentas e técnicas únicas para explorar dinâmicas familiares e desfazer padrões disfuncionais, permitindo que os clientes alcancem uma maior harmonia e equilíbrio em suas vidas.

TÉCNICAS DE INTERVENÇÃO PARA DESBLOQUEAR E TRANSFORMAR PADRÕES DE LEALDADES INVISÍVEIS

Para desbloquear e transformar padrões de lealdades invisíveis, uma variedade de técnicas de intervenção pode ser utilizada, adaptadas às necessidades individuais de cada cliente e à dinâmica familiar específica.

Aqui estão algumas técnicas comuns:

- **Exploração de histórias familiares:** Esta técnica envolve a investigação das histórias familiares dos clientes para identificar padrões, crenças e eventos significativos que possam estar contribuindo para as lealdades invisíveis. Os terapeutas ajudam os clientes a examinar suas próprias experiências familiares e a reconhecer como essas experiências podem estar influenciando suas vidas no presente.

- **Visualização Criativa:** A visualização criativa é uma técnica poderosa que envolve a criação de imagens mentais positivas e transformadoras. Os clientes são guiados a visualizar cenários alternativos e a explorar novas possibilidades para suas vidas, incluindo a quebra de padrões de lealdades invisíveis. Esta técnica pode ajudar os clientes a expandir sua consciência e a desenvolver recursos internos para promover a mudança.

- **Reestruturação Cognitiva:** A reestruturação cognitiva é uma técnica que envolve a identificação e modificação de padrões de pensamento negativos e distorcidos. Os terapeutas trabalham com os clientes para desafiar crenças limitantes e substituí-las por pensamentos mais adaptativos e realistas. Isso pode ajudar os clientes a desfazer padrões de lealdades invisíveis e a desenvolver uma perspectiva mais positiva sobre si mesmos e suas relações familiares.

- **Reenquadramento de Experiências Passadas:** Esta técnica envolve a reinterpretação de experiências passadas à luz de novos *insight*s e compreensões. Os terapeutas ajudam os clientes a reavaliar eventos traumáticos ou desafiadores de suas vidas e a encontrar significado e aprendizado nessas experiências. Isso pode ajudar os clientes a liberar emoções negativas associadas a lealdades invisíveis e a promover a cura e o crescimento pessoal.

- **Desenvolvimento de Novos Comportamentos:** Os terapeutas trabalham com os clientes para identificar e praticar novos comportamentos que promovam a autonomia e a autoexpressão saudável. Isso pode incluir a definição de limites claros, a comunicação assertiva de necessidades e desejos, e a busca de relações mais equilibradas e harmoniosas. À medida que os clientes desenvolvem novos comportamentos, eles podem desfazer padrões de lealdades invisíveis e promover uma maior autonomia e bem-estar emocional.

- **Terapia Expressiva:** A terapia expressiva oferece uma variedade de modalidades criativas, como arte, música, drama e escrita, para ajudar os clientes a explorar e expressar suas emoções de forma não verbal. Esta técnica pode ser especialmente útil para clientes que têm dificuldade em expressar suas emoções verbalmente ou que encontram resistência em desfazer padrões de lealdades invisíveis. A partir da expressão criativa, os clientes podem acessar e processar emoções profundas, promovendo a cura e a transformação.

Essas técnicas podem ser usadas de forma isolada ou combinadas para fornecer uma abordagem terapêutica abrangente para desbloquear e transformar padrões de lealdades invisíveis. Cada técnica oferece uma maneira única de explorar e abordar os desafios enfrentados pelos clientes, permitindo que eles alcancem uma maior clareza, autoconsciência e bem-estar emocional.

AGRADECIMENTO

Quero expressar minha sincera gratidão a todas as pessoas que contribuíram para a realização deste livro, "Raízes da Constelação Familiar: Explorando as Dinâmicas Sistêmicas".

Primeiramente, gostaria de agradecer aos meus queridos professores e mentores, cuja sabedoria e orientação foram fundamentais para a concepção deste trabalho. Seus insigths e experiências enriqueceram cada página deste livro, proporcionando uma base sólida para o aprendizado e crescimento dos leitores.

À minha família, amigos e entes queridos, cujo apoio inabalável e encorajamento constante me inspiraram a seguir em frente, mesmo nos momentos mais desafiadores. Sua presença e amor são o alicerce sobre o qual construí minha vida e este projeto.

Agradeço também aos meus colegas e colaboradores, cujas contribuições e ideias ajudaram a dar forma a este livro. Suas perspectivas únicas e habilidades complementares foram inestimáveis na criação de um trabalho que espero que seja útil e inspirador para muitos.

Por fim, quero expressar minha gratidão aos leitores deste livro. É para vocês que este trabalho foi dedicado, na esperança de que possa oferecer *insight*s valiosos, orientação prática e inspiração para sua jornada de autoconhecimento e crescimento pessoal.

Que este livro seja uma fonte de luz e sabedoria, guiando cada um de vocês rumo a uma compreensão mais profunda de si mesmos, de suas relações familiares e do vasto universo das constelações familiares.

Com gratidão,
Josi Meda

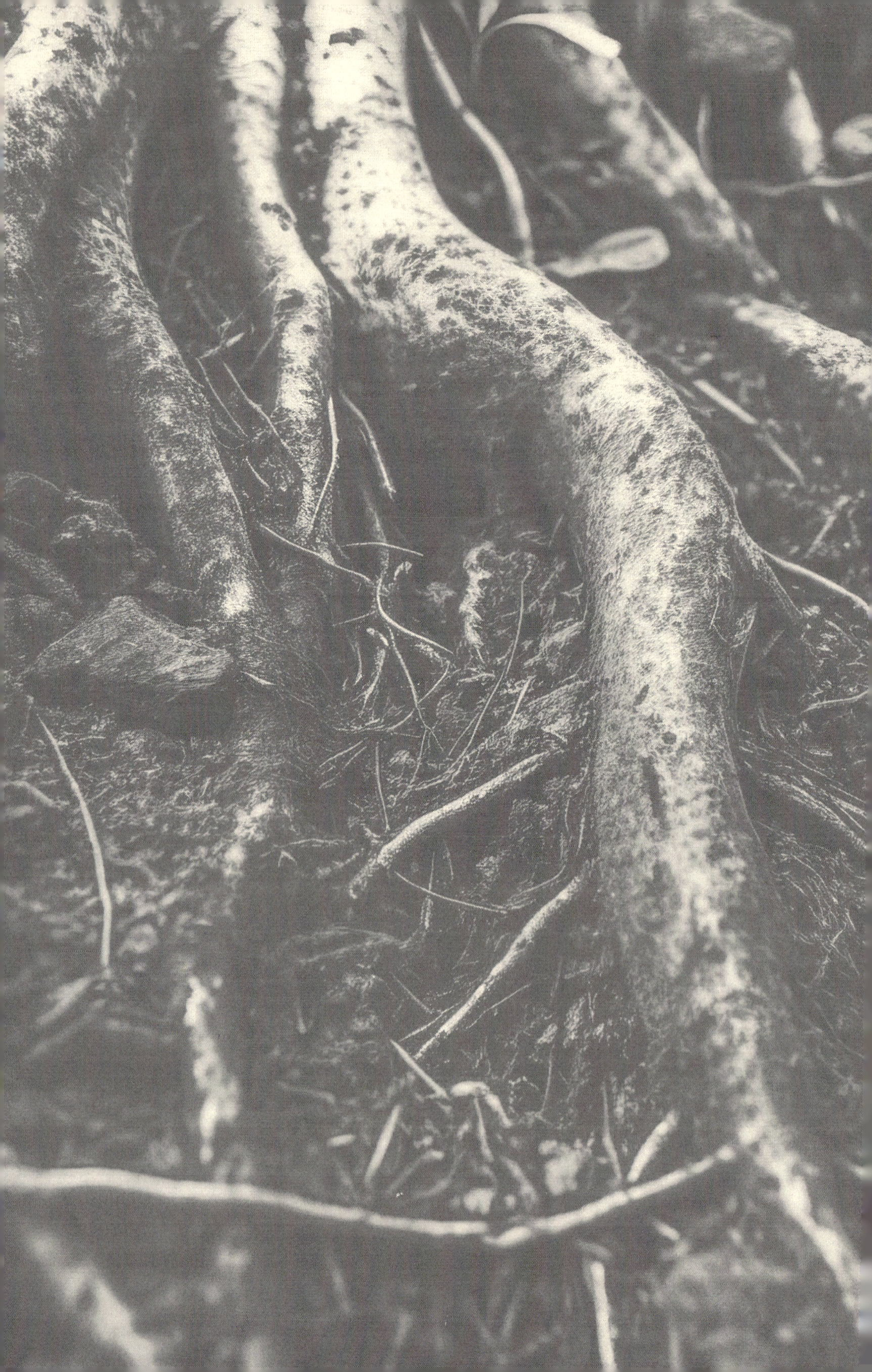

GLOSSÁRIO

Antropologia: O estudo da humanidade, incluindo sua história, cultura, sociedade e desenvolvimento ao longo do tempo.

Autoconhecimento: Consciência e compreensão dos próprios pensamentos, sentimentos e comportamentos, especialmente em relação aos padrões familiares e sistêmicos.

Autoconsciência: Consciência e compreensão de si mesmo, incluindo pensamentos, sentimentos, crenças e padrões comportamentais.

Autodescoberta: Processo de explorar e conhecer mais profundamente a si mesmo, incluindo aspectos conscientes e inconscientes da personalidade.

Campo Morfogenético: Um campo de energia que contém informações sobre padrões e estruturas sistêmicas e que pode influenciar o comportamento humano.

Campo Sistêmico: O campo energético ou psicológico que conecta os membros de uma família e influencia suas interações e comportamentos.

Constelação Familiar: Uma abordagem terapêutica desenvolvida por Bert Hellinger que explora as dinâmicas familiares e sistêmicas para identificar e resolver questões emocionais e comportamentais.

Crescimento Pessoal: O processo contínuo de desenvolvimento e evolução individual, que envolve a expansão da consciência e a busca por autodesenvolvimento.

Dinâmicas Familiares: Padrões de interação e comportamento dentro de uma família que podem ser saudáveis ou disfuncionais.

Emaranhamentos: Padrões disfuncionais ou conflitos dentro de um sistema familiar que impactam o bem-estar dos membros da família.

Equilíbrio Dinâmico: Um estado de harmonia e estabilidade que resulta da interação entre os elementos de um sistema, conforme descrito na filosofia sistêmica.

Filosofia Fenomenológica: Uma abordagem filosófica que enfatiza a experiência direta e a percepção individual como fontes de conhecimento.

Herança Familiar: Influências psicológicas, emocionais e comportamentais transmitidas de uma geração para outra dentro de uma família.

Interconexão: O entendimento de que todos os elementos de um sistema estão interligados e influenciam uns aos outros, conforme enfatizado na filosofia sistêmica.

Intervenção Terapêutica: Técnicas ou abordagens utilizadas por terapeutas para promover a mudança e o crescimento dentro de um sistema familiar.

Lealdades Invisíveis: Vínculos emocionais e lealdades não reconhecidas que podem afetar o comportamento e os relacionamentos familiares.

Leis do Amor: Princípios fundamentais que regem as relações familiares e sistêmicas, incluindo pertencimento, ordem, hierarquia e equilíbrio.

Princípios Fenomenológicos: Fundamentos da filosofia fenomenológica aplicados à prática da constelação familiar, como suspensão de julgamento e foco na experiência subjetiva.

Psicologia Transpessoal: Uma abordagem da psicologia que explora estados de consciência além do ego e busca uma compreensão mais profunda do potencial humano.

Psicoterapia Sistêmica: Uma abordagem terapêutica que considera o indivíduo dentro do contexto de seu sistema familiar e social mais amplo.

Transformação Interior: Mudança significativa na percepção, pensamentos, sentimentos e comportamentos de uma pessoa, resultando em crescimento e evolução pessoal.

Transformação Pessoal: Processo de mudança e crescimento interior que resulta da exploração e resolução de questões emocionais e comportamentais.

ANOTAÇÃO

ANOTAÇÃO

EDITORA LEADER